CUADERNO DE PRÁCTICA

DESCUBRE

Lengua y cultura del mundo hispánico

NIVEL 1

Blanco • Donley

VISTA®
HIGHER LEARNING

Boston, Massachusetts

Table of Contents

contextos

---

1   **Saludos** For each question or expression, write the appropriate answer from the box in each blank.

De nada.	Encantada.	Muy bien, gracias.	Nos vemos.
El gusto es mío.	Me llamo Pepe.	Nada.	Soy de Ecuador.

1. ¿Cómo te llamas? _____

2. ¿Qué hay de nuevo? _____

3. ¿De dónde eres? _____

4. Adiós. _____

5. ¿Cómo está usted? _____

6. Mucho gusto. _____

7. Te presento a la señora Díaz. _____

8. Muchas gracias. _____

---

2   **Conversación** Complete this conversation by writing one word in each blank.

ANA Buenos días, señor González. ¿Cómo (1) _____ (2) _____?

SR. GONZÁLEZ (3) _____ bien, gracias. ¿Y tú, (4) _____ estás?

ANA Regular. (5) _____ presento a Antonio.

SR. GONZÁLEZ Mucho (6) _____, Antonio.

ANTONIO El gusto (7) _____ (8) _____.

SR. GONZÁLEZ ¿De dónde (9) _____, Antonio?

ANTONIO (10) _____ (11) _____ México.

ANA (12) _____ luego, señor González.

SR. GONZÁLEZ Nos (13) _____, Ana.

ANTONIO (14) _____, señor González.

---

3   **Saludos, despedidas y presentaciones** Complete these phrases with the missing words. Then write each phrase in the correct column of the chart.

1. ¿_____ pasa?
2. _____ luego.
3. _____ gusto.
4. Te _____ a Irene.
5. ¿_____ estás?
6. _____ días.
7. El _____ es mío.
8. Nos _____.

Saludos	Despedidas	Presentaciones

   Lección 1 Contextos Activities   **1**

4

Los países Fill in the blanks with the name of the Spanish-speaking country that is highlighted in each map.

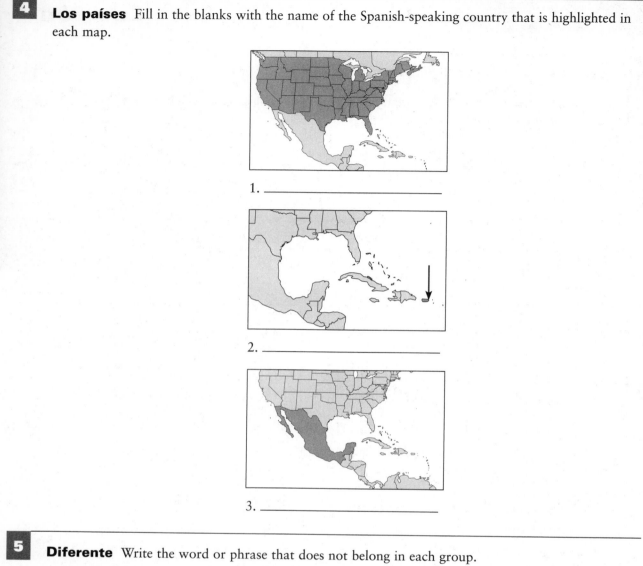

1. _____

2. _____

3. _____

5

Diferente Write the word or phrase that does not belong in each group.

1. Hasta mañana.
   Nos vemos.
   Buenos días.
   Hasta pronto.

   _____

2. ¿Qué tal?
   Regular.
   ¿Qué pasa?
   ¿Cómo estás?

   _____

3. Puerto Rico
   Washington
   México
   Estados Unidos

   _____

4. Muchas gracias.
   Muy bien, gracias.
   No muy bien.
   Regular.

   _____

5. ¿De dónde eres?
   ¿Cómo está usted?
   ¿De dónde es usted?
   ¿Cómo se llama usted?

   _____

6. Chau.
   Buenos días.
   Hola.
   ¿Qué tal?

   _____

estructura

1.1 Nouns and articles

1 ¿Masculino o femenino? Write the correct definite article before each noun. Then write each article and noun in the correct column.

_____ hombre   _____ pasajero   _____ chico

_____ profesora   _____ mujer   _____ pasajera

_____ chica   _____ conductora   _____ profesor

Masculino   **Femenino**

_____   _____

_____   _____

_____   _____

_____   _____

_____   _____

2 ¿El, la, los o las? Write the correct definite article before each noun.

1. _____ autobús   6. _____ mano
2. _____ maleta   7. _____ país
3. _____ lápices   8. _____ problema
4. _____ diccionario   9. _____ cosas
5. _____ palabras   10. _____ diarios

3 Singular y plural Give the plural form of each singular article and noun and the singular form of each plural article and noun.

1. unas fotografías _____   6. unas escuelas _____

2. un día _____   7. unos videos _____

3. un cuaderno _____   8. un programa _____

4. unos pasajeros _____   9. unos autobuses _____

5. una computadora _____   10. una palabra _____

4 Las cosas For each picture, provide the noun with its corresponding definite and indefinite articles.

1. _____   2. _____   3. _____   4. _____

1.2 Numbers 0–30

1 **Los números** Solve the math problems to complete the crossword puzzle.

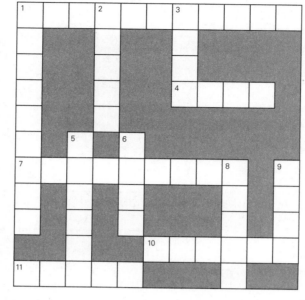

Horizontales

1. veinte más cinco
4. veintiséis menos quince
7. treinta menos catorce
10. veinticinco menos veintiuno
11. once más dos

Verticales

1. once más once
2. seis más tres
3. trece menos trece
5. doce más ocho

6. veintinueve menos diecinueve
8. veintitrés menos dieciséis
9. siete más uno

2 **¿Cuántos hay?** Write questions that ask how many items there are. Then write the answers. Write out the numbers.

> **modelo**
> 2 cuadernos
> ¿Cuántos cuadernos hay? Hay dos cuadernos.

1. 3 diccionarios _____

2. 12 estudiantes _____

3. 10 lápices _____

4. 7 maletas _____

5. 25 palabras _____

6. 21 países _____

7. 13 grabadoras _____

8. 18 pasajeros _____

9. 15 computadoras _____

10. 27 fotografías _____

1.3 Present tense of **ser**

1 **Los pronombres** In the second column, write the subject pronouns that you would use when addressing the people listed in the first column. In the third column, write the pronouns you would use when talking about them.

Personas	Addressing them	Talking about them
1. Don Francisco	_____	_____
2. Maite e Inés	_____	_____
3. Inés y Álex	_____	_____
4. la profesora	_____	_____
5. un estudiante	_____	_____
6. el director de una escuela	_____	_____
7. tres chicas	_____	_____
8. un pasajero de autobús	_____	_____
9. Javier y Álex	_____	_____
10. una turista	_____	_____

2 **Nosotros somos...** Rewrite each sentence with the new subject. Change the verb **ser** as necessary.

> **modelo**
> Ustedes son profesores.
> Nosotros *somos profesores*.

1. Nosotros somos estudiantes. Ustedes _____.

2. Usted es de Puerto Rico. Ella _____.

3. Nosotros somos conductores. Ellos _____.

4. Yo soy turista. Tú _____.

5. Ustedes son de Ecuador. Nosotras _____.

6. Ella es profesora. Yo _____.

7. Tú eres de España. Él _____.

8. Ellos son pasajeros. Ellas _____.

3 **¡Todos a bordo!** Complete Jorge's introduction of his travelling companions with the correct forms of **ser**.

Hola, me llamo Jorge y (1)_____ de Quito, Ecuador. Pilar y Nati (2)_____ de España. Pedro, Juan y Paco (3)_____ de México. Todos (4)_____ estudiantes. La señorita Blasco (5)_____ de San Antonio. Ella (6)_____ la profesora. Luis (7)_____ el conductor. Él (8)_____ de Puerto Rico. Ellos (9)_____ de los Estados Unidos. El autobús (10)_____ de la agencia Marazul. Todos (11)_____ pasajeros de la agencia de viajes Marazul. Perdón, ¿de dónde (12)_____ tú, quién (13)_____ ella y de quién (14)_____ las maletas?

Lección 1

4

¿De quién es? Use **ser** + **de** (or **del**) to indicate that the object belongs to the person or people listed.

> **modelo**
>
> grabadora / el hombre
> **Es la grabadora del hombre.**

1. diccionario / el estudiante _____

2. cuadernos / las chicas _____

3. mano / Maite _____

4. maletas / la turista _____

5. computadoras / los profesores _____

6. autobús / el conductor _____

7. lápices / la joven _____

8. fotografía / los chicos _____

9. computadora / la directora _____

10. país / Inés _____

5

¿De dónde son? Use **ser** + **de** to indicate where the people are from.

> **modelo**
>
> Ustedes / Costa Rica
> **Ustedes son de Costa Rica.**

1. Lina y María / Colombia _____

2. El profesor / México _____

3. Tú y los jóvenes / Argentina _____

4. Las estudiantes / Estados Unidos _____

5. Ellos / Ecuador _____

6. La mujer / Puerto Rico _____

7. Los turistas / España _____

8. Él y yo / Chile _____

9. Nosotras / Cuba _____

10. Usted / Venezuela _____

6

¿De quién? Write questions for these answers.

> **modelo**
>
> **¿De dónde son ellos?**
> Ellos son de España.

1. _____
   Los lápices son de Álex.

2. _____
   Inés es de Ecuador.

3. _____
   Es una foto.

4. _____
   Ellas son Maite e Inés.

1.4 Telling time

1   **La hora** Give the time shown on each clock using complete sentences.

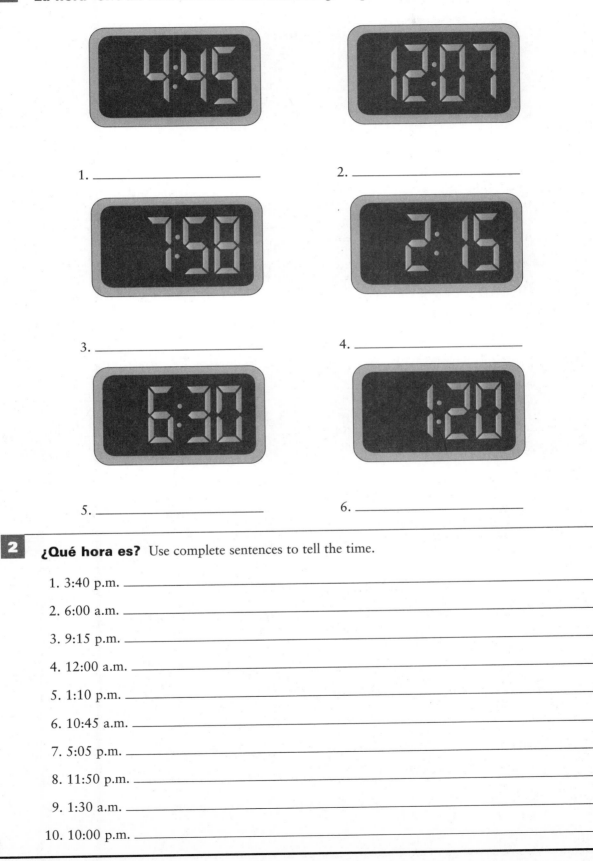

1. _____   2. _____

3. _____   4. _____

5. _____   6. _____

2   **¿Qué hora es?** Use complete sentences to tell the time.

1. 3:40 p.m. _____

2. 6:00 a.m. _____

3. 9:15 p.m. _____

4. 12:00 a.m. _____

5. 1:10 p.m. _____

6. 10:45 a.m. _____

7. 5:05 p.m. _____

8. 11:50 p.m. _____

9. 1:30 a.m. _____

10. 10:00 p.m. _____

Lección 1 Estructura Activities   **7**

3 **El día de Marta** Use the schedule to answer the questions in complete sentences.

8:45 a.m.	Biología
11:00 a.m.	Cálculo
12:00 p.m.	Almuerzo
2:00 p.m.	Literatura
4:15 p.m.	Yoga
10:30 p.m.	Programa especial

1. ¿A qué hora es la clase de biología? _____

2. ¿A qué hora es la clase de cálculo? _____

3. ¿A qué hora es el almuerzo (lunch)? _____

4. ¿A qué hora es la clase de literatura? _____

5. ¿A qué hora es la clase de yoga? _____

6. ¿A qué hora es el programa especial? _____

Síntesis

¿Y tú? Answer the questions about yourself and your class using complete sentences.

1. ¿Cómo te llamas? _____

2. ¿De dónde eres? _____

3. ¿Qué hay de nuevo? _____
_____

4. ¿Qué hora es? _____
_____

5. ¿A qué hora es la clase de español? _____
_____

6. ¿Cuántos estudiantes hay en la clase de español? _____
_____

7. ¿Hay estudiantes de México en la clase? _____
_____

8. ¿A qué hora es tu (your) programa de televisión favorito? _____
_____

panorama

Estados Unidos y Canadá

1 **¿Cierto o falso?** Indicate if each statement is **cierto** or **falso**. Then correct the false statements.

1. La mayor parte de la población hispana de los Estados Unidos es de origen mexicano.

_____

2. Hay más (*more*) hispanos en Illinois que (*than*) en Texas.

_____

3. El estado con la mayor población hispana de los Estados Unidos es California.

_____

4. Dominicanada es un grupo musical en Canadá.

_____

5. Alberto Manguel y Sergio Marchi son dos figuras importantes de origen mexicano.

_____

6. Hoy, uno de cada cuatro niños en los Estados Unidos es de origen hispano.

_____

7. Los tacos, las enchiladas y las quesadillas son platos cubanos.

_____

8. Las ciudades con mayor población hispana en Canadá son Montreal, Toronto y Vancouver.

_____

9. Un barrio cubanoamericano importante de Miami se llama la Pequeña Cuba.

_____

10. Los puertorriqueños de Nueva York celebran su origen con un desfile.

_____

2 **En Canadá** Complete the sentences with the correct information from **Panorama** about the Hispanic community in Canada.

1. La _____ hispana es importante en la cultura de Canadá.

2. Los *Latin American Achievement Awards Canada* se establecieron para _____

los logros de los hispanos.

3. Alberto Manguel es un _____ argentino.

4. _____ Marchi es un político argentino.

5. Osvaldo Núñez es un _____ de origen chileno.

6. _____, _____, _____ y

_____ son grupos musicales hispanos importantes en Canadá.

3 **Un mapa** Write the name of each state numbered on the map and provide its Hispanic population (round up population) in millions.

1. _____ (_____ millones de hispanos)

2. _____ (_____ millones de hispanos)

3. _____ (_____ millones de hispanos)

4. _____ (_____ millones de hispanos)

5. _____ (_____ millones de hispanos)

4 **¿De dónde es?** Write the origin of each item listed (**estadounidense, mexicano, cubano,** or **puertorriqueño**).

Origen

1. desfile en Nueva York

   _____

2. enchiladas, tacos y quesadillas

   _____

3. Pequeña Habana

   _____

4. comida tex-mex y cali-mex

   _____

5. mayor población hispana de EE.UU.

   _____

contextos

1 **Categorías** Read each group of items. Then write the word from the list that describes a category for the group.

> cafetería   clase   laboratorio
> ciencias   geografía   materias

1. sándwiches, tacos, sodas, bananas _____

2. mapas, capitales, países, nacionalidades _____

3. literatura, matemáticas, geografía, lenguas extranjeras _____

4. microscopios, experimentos, ciencias, elementos _____

5. física, química, biología, astronomía _____

6. pizarras, tiza, borrador, papelera, escritorios _____

2 **Buscar (Search)** Find school-related words in the grid, looking horizontally and vertically. Circle them in the puzzle, and write the words in the blanks.

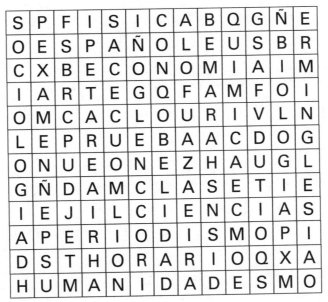

S	P	F	I	S	I	C	A	B	Q	G	Ñ	E
O	E	S	P	A	Ñ	O	L	E	U	S	B	R
C	X	B	E	C	O	N	O	M	I	A	I	M
I	A	R	T	E	G	Q	F	A	M	F	O	I
O	M	C	A	C	L	O	U	R	I	V	L	N
L	E	P	R	U	E	B	A	A	C	D	O	G
O	N	U	E	O	N	E	Z	H	A	U	G	L
G	Ñ	D	A	M	C	L	A	S	E	T	I	E
I	E	J	I	L	C	I	E	N	C	I	A	S
A	P	E	R	I	O	D	I	S	M	O	P	I
D	S	T	H	O	R	A	R	I	O	Q	X	A
H	U	M	A	N	I	D	A	D	E	S	M	O

_____   _____

_____   _____

_____   _____

_____   _____

_____   _____

Lección 2 Contextos Activities **11**

3 El calendario Use the calendar to answer these questions with complete sentences.

marzo

L	M	M	J	V	S	D
		1	2	3	4	5
6	7	8	9	10	11	12
13	14	15	16	17	18	19
20	21	22	23	24	25	26
27	28	29	30	31		

abril

L	M	M	J	V	S	D
					1	2
3	4	5	6	7	8	9
10	11	12	13	14	15	16
17	18	19	20	21	22	23
24	25	26	27	28	29	30

> **modelo**
>
> ¿Qué día de la semana es el 8 de abril (*April*)?
> El *8 de abril es sábado./Es sábado.*

1. ¿Qué día de la semana es el 21 de marzo (*March*)? _____

2. ¿Qué día de la semana es el 7 de abril? _____

3. ¿Qué día de la semana es el 2 de marzo? _____

4. ¿Qué día de la semana es el 28 de marzo? _____

5. ¿Qué día de la semana es el 19 de abril? _____

6. ¿Qué día de la semana es el 12 de marzo? _____

7. ¿Qué día de la semana es el 3 de abril? _____

8. ¿Qué día de la semana es el 22 de abril? _____

9. ¿Qué día de la semana es el 31 de marzo? _____

10. ¿Qué día de la semana es el 9 de abril? _____

4 Completar Complete these sentences using words from the word bank.

arte	ciencias	examen	horario	tarea
biblioteca	computación	geografía	laboratorio	escuela

1. La biología, la química y la física son _____.

2. El _____ dice (*says*) a qué hora son las clases.

3. A las once hay un _____ de biología.

4. Martín es artista y toma (*takes*) una clase de _____.

5. Hay veinte computadoras en la clase de _____.

6. Los experimentos se hacen (*are made*) en el _____.

7. Hay muchos libros en la _____.

8. Los mapas son importantes en el curso de _____.

Lección 2

estructura

2.1 Present tense of **–ar** verbs

1 **Tabla (*Chart*) de verbos** Write the missing forms of each verb.

Present tense					
Infinitivo	yo	tú	Ud., él, ella	nosotros/as	Uds., ellos
1. cantar					
2. _____	pregunto				
3. _____		contestas			
4. _____			practica		
5. _____				deseamos	
6. _____					llevan

2 **Completar** Complete these sentences using the correct form of the verb in parentheses.

1. Los turistas _____ (viajar) en un autobús.

2. Elena y yo _____ (hablar) español en clase.

3. Los estudiantes _____ (llegar) a la residencia estudiantil.

4. Yo _____ (dibujar) un reloj en la pizarra.

5. La señora García _____ (comprar) libros en la librería.

6. Francisco y tú _____ (regresar) de la biblioteca.

7. El semestre _____ (terminar) en mayo (*May*).

8. Tú _____ (buscar) a tus (*your*) compañeros de clase en la cafetería.

3 **¿Quién es?** Complete these sentences with the correct verb form so that the sentence makes sense.

busco	conversas	esperan	regresamos	trabaja
compran	enseña	necesitas	toman	viajan

1. Nosotras _____ a las seis de la tarde.

2. Muchos estudiantes _____ el curso de periodismo.

3. Rosa y Laura no _____ a Manuel.

4. Tú _____ con los chicos en la residencia estudiantil.

5. El compañero de cuarto de Jaime _____ en el laboratorio.

6. Yo _____ un libro en la biblioteca.

7. Rebeca y tú _____ unas maletas para viajar.

8. La profesora Reyes _____ el curso de español.

Lección 2

4   **Usar los verbos** Form sentences using the words provided. Use the correct present tense or infinitive form of each verb.

1. una estudiante / desear / hablar / con su profesora de biología

_____

2. Mateo / desayunar / en la cafetería de la escuela

_____

3. los profesores / contestar / las preguntas (*questions*) de los estudiantes

_____

4. (nosotros) / esperar / viajar / a Madrid

_____

5. (yo) / necesitar / practicar / los verbos en español

_____

5   **Me gusta** Form complete sentences using one item from each box.

la profesora de español nosotros	gusta	bailar las fiestas
los estudiantes ustedes	gustan	la clase de español leer
mis amigos yo		la música clásica sus estudiantes

1. _____

2. _____

3. _____

4. _____

5. _____

6. _____

6   **¿Y tú?** Use complete sentences to answer these yes or no questions.

> **modelo**
> ¿Bailas el tango?
> No, no bailo el tango.

1. ¿Estudias ciencias en la escuela?

_____

2. ¿Conversas mucho con los compañeros de clase?

_____

3. ¿Esperas estudiar administración de empresas?

_____

4. ¿Necesitas descansar después de (*after*) los exámenes?

_____

5. ¿Compras los libros en la librería?

_____

Lección 2

2.2 Forming questions in Spanish

1   **Las preguntas** Make questions out of these statements by inverting the word order.

1. Ustedes son de Puerto Rico.

_____

2. El estudiante dibuja un mapa.

_____

3. Los turistas llegan en autobús.

_____

4. La clase termina a las dos de la tarde.

_____

5. Samuel trabaja en la biblioteca.

_____

6. Los chicos miran un programa.

_____

7. El profesor Miranda enseña la clase de humanidades.

_____

8. Isabel compra cinco libros de historia.

_____

9. Mariana y Javier preparan la tarea.

_____

10. Ellas conversan en la cafetería de la escuela.

_____

2   **Seleccionar** Choose an interrogative word from the list to write a question that corresponds with each response.

adónde	cuándo	de dónde	por qué	quién
cuáles	cuántos	dónde	qué	quiénes

1. _____

Ellos caminan a la biblioteca.

2. _____

El profesor de español es de México.

3. _____

Hay quince estudiantes en la clase.

4. _____

El compañero de cuarto de Jaime es Manuel.

5. _____

La clase de física es en el laboratorio.

6. _____

Julia lleva una computadora portátil.

7. _____

El programa de televisión termina a las diez.

8. _____

Estudio biología porque hay un examen mañana.

Lección 2

Lección 2 Estructura Activities   **15**

3 **Muchas preguntas** Form four different questions from each statement.

1. Inés canta en el coro (*choir*) de la escuela.

_____

_____

_____

_____

2. Javier busca el libro de arte.

_____

_____

_____

_____

3. La profesora Gutiérrez enseña contabilidad.

_____

_____

_____

_____

4. Ustedes necesitan hablar con el profesor de economía.

_____

_____

_____

_____

4 **¿Qué palabra?** Write the interrogative word or phrase that makes sense in each question.

1. ¿_____ es la clase de administración de empresas?
   Es en la biblioteca.

2. ¿_____ preparas la tarea de matemáticas?
   Preparo la tarea de matemáticas a las nueve de la noche.

3. ¿_____ es el profesor de inglés?
   Es de los Estados Unidos.

4. ¿_____ libros hay en la clase de biología?
   Hay diez libros.

5. ¿_____ caminas con (*with*) Olga?
   Camino a la clase de biología con Olga.

6. ¿_____ enseña el profesor Hernández en la escuela?
   Enseña literatura.

7. ¿_____ llevas cinco libros en la mochila?
   Porque regreso de la biblioteca.

8. ¿_____ es la profesora de física?
   Es la señora Caballero.

2.3 Present tense of **estar**

1 **Están en...** Answer the questions based on the pictures. Write complete sentences.

1. ¿Dónde están Cristina y Bruno?

_____

2. ¿Dónde están la profesora y el estudiante?

_____

3. ¿Dónde está la puerta?

_____

4. ¿Dónde está la mochila?

_____

5. ¿Dónde está el pasajero?

_____

6. ¿Dónde está José Miguel?

_____

2 **¿Dónde están?** Use these cues and the correct form of **estar** to write complete sentences. Add any missing words.

1. libros / cerca / escritorio

_____

2. ustedes / al lado / puerta

_____

3. diccionario / entre / computadoras

_____

4. lápices / sobre / cuaderno

_____

5. estadio / lejos / residencias

_____

6. mochilas / debajo / mesa

_____

7. tú / en / clase de psicología

_____

8. reloj / a la derecha / ventana

_____

9. Rita / a la izquierda / Julio

_____

Lección 2 Estructura Activities   **17**

Lección 2

3 **¿Ser o estar?** Complete these sentences with the correct present-tense form of the verb **ser** or **estar**.

1. Sonia _____ muy bien hoy.

2. Las sillas _____ delante del escritorio.

3. Ellos _____ estudiantes de sociología.

4. Alma _____ de la capital de España.

5. _____ las diez y media de la mañana.

6. Nosotras _____ en la biblioteca.

4 **El libro** Complete this cell phone conversation with the correct forms of **estar**.

GUSTAVO Hola, Pablo. ¿(1)_____ en la residencia estudiantil?

PABLO Sí, (2)_____ en la residencia.

GUSTAVO Necesito el libro de física.

PABLO ¿Dónde (3)_____ el libro?

GUSTAVO El libro (4)_____ en mi cuarto (*room*), al lado de la computadora.

PABLO ¿Dónde (5)_____ la computadora?

GUSTAVO La computadora (6)_____ encima del escritorio.

PABLO ¡Aquí (*Here*) (7)_____ la computadora y... el libro de física!

5 **Conversación** Complete this conversation with the correct forms of **ser** and **estar**.

PILAR Hola, Irene. ¿Cómo (1)_____?

IRENE Muy bien, ¿y tú? ¿Qué tal?

PILAR Bien, gracias. Te presento a Pablo.

IRENE Encantada, Pablo.

PILAR Pablo (2)_____ de México.

IRENE ¿De dónde en México (3)_____?

PABLO (4)_____ de Monterrey. Y tú, ¿de dónde (5)_____?

IRENE (6)_____ de San Juan, Puerto Rico.

PILAR ¿Dónde (7)_____ Claudia, tu (*your*) compañera de cuarto?

IRENE (8)_____ en la residencia estudiantil.

PABLO Nosotros vamos a (*are going to*) la librería ahora.

PILAR Necesitamos comprar el manual del laboratorio de física.

IRENE ¿A qué hora (9)_____ la clase de física?

PABLO (10)_____ a las doce del día. ¿Qué hora (11)_____ ahora?

PILAR (12)_____ las once y media.

IRENE ¡Menos mal que (*Fortunately*) la librería (13)_____ cerca del laboratorio!

PILAR Sí, no (14)_____ muy lejos de la clase. Nos vemos.

IRENE Hasta luego.

PABLO Chau.

Lección 2

2.4 Numbers 31 and higher

1 **Números de teléfono** Provide the words for these telephone numbers.

> **modelo**
> 968-3659
> nueve, sesenta y ocho, treinta y seis, cincuenta y nueve

1. 776-7799

_____

2. 543-3162

_____

3. 483-4745

_____

4. 352-5073

_____

5. 888-7540

_____

6. 566-3857

_____

2 **¿Cuántos hay?** Use the inventory list to answer these questions about the amount of items in stock at the stationery store. Use complete sentences and write out the Spanish words for numbers.

Inventario			
libros	320	mochilas	31
cuadernos	276	diccionarios	43
plumas	125	mapas	66

1. ¿Cuántos mapas hay? _____

2. ¿Cuántas mochilas hay? _____

3. ¿Cuántos diccionarios hay? _____

4. ¿Cuántos cuadernos hay? _____

5. ¿Cuántas plumas hay? _____

6. ¿Cuántos lápices hay? _____

3 **La universidad pública** Use the information provided to complete the paragraph about this university. Write out the Spanish words for numbers.

> 25.000 estudiantes en total   44 nacionalidades diferentes   432 computadoras
> 350 españoles   1.500 libros   126 especializaciones

La universidad pública es muy grande, hay (1) _____ estudiantes en el campus. Hay personas de (2) _____ países diferentes, y (3) _____ son estudiantes de España. La biblioteca tiene (4) _____ libros de (5) _____ especializaciones diferentes. Hay mucha tecnología también, hay (6) _____ computadoras en el campus.

4 **Por ciento** Use the pie chart to complete these sentences. Write out the Spanish numbers in words.

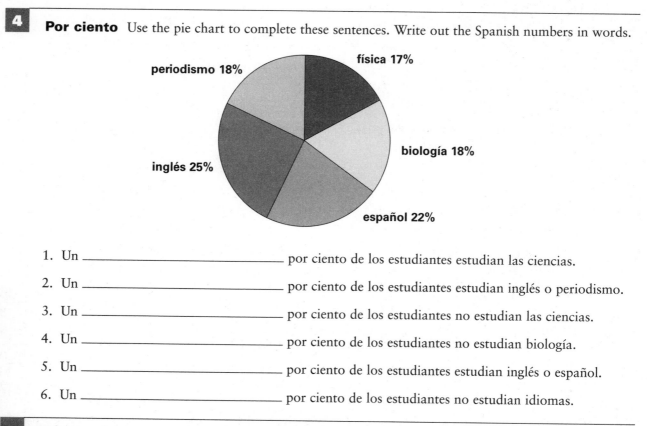

1. Un _____ por ciento de los estudiantes estudian las ciencias.

2. Un _____ por ciento de los estudiantes estudian inglés o periodismo.

3. Un _____ por ciento de los estudiantes no estudian las ciencias.

4. Un _____ por ciento de los estudiantes no estudian biología.

5. Un _____ por ciento de los estudiantes estudian inglés o español.

6. Un _____ por ciento de los estudiantes no estudian idiomas.

Síntesis

La escuela Imagine that a friend calls a student during the second week of class. Write questions that the friend might ask about his or her schedule, classes, and school life. Use the cues provided. Then write possible answers.

> **modelo**
> ¿Cuándo termina la clase de español?
> La clase de español termina a las tres.

- ¿A qué hora...?
- ¿Dónde está...?
- ¿Qué cursos...?
- ¿Trabajas...?

- ¿Estudias...?
- ¿Qué días de la semana...?
- ¿Hay...?
- ¿Cuántos...?

_____

_____

_____

_____

_____

_____

_____

Lección 2

panorama

España

1 **¿De qué ciudad es?** Write the city or town in Spain associated with each item.

1. el Museo del Prado _____

2. la universidad más antigua de España _____

3. el baile flamenco _____

4. la Sagrada Familia _____

5. la Tomatina _____

6. segunda (*second*) ciudad en población _____

2 **¿Cierto o falso?** Indicate whether each statement is **cierto** or **falso**. Then correct the false statements.

1. Las islas Canarias y las islas Baleares son de España.

_____

2. Zaragoza es una de las ciudades principales de España.

_____

3. La moneda de España es el peso.

_____

4. En España hay más de un idioma.

_____

5. La Tomatina es uno de los platos más deliciosos de España.

_____

6. La Universidad de Salamanca fue (*was*) fundada en el siglo XIII.

_____

3 **El mapa de España** Fill in the blanks with the name of the city or geographical feature.

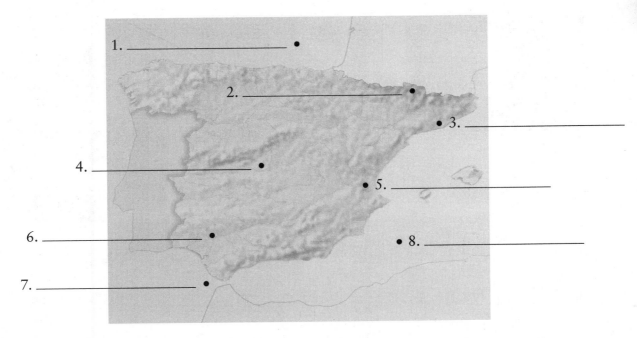

Lección 2 Panorama Activities   **21**

4 **Profesiones** Complete these sentences with the person's occupation.

1. Fernando Alonso es _____.

2. Rosa Montero es _____.

3. Pedro Almodóvar es _____.

4. Miguel de Cervantes es _____.

5. Paz Vega es _____.

6. Diego Velázquez es _____.

5 **Palabras cruzadas** (*crossed*) Write one letter on each blank. Then answer the final question, using the new word that is formed.

1. Islas españolas del Mar Mediterráneo

2. Español, catalán, gallego, valenciano y euskera

3. La unión de países cuya (*whose*) moneda es el euro

4. Museo español famoso

5. Pintor español famoso

6. Obra más conocida de Diego Velázquez

El aeropuerto (*airport*) de Madrid se llama _____.

6 **Las fotos** Label the object shown in each photo.

1. _____

2. _____

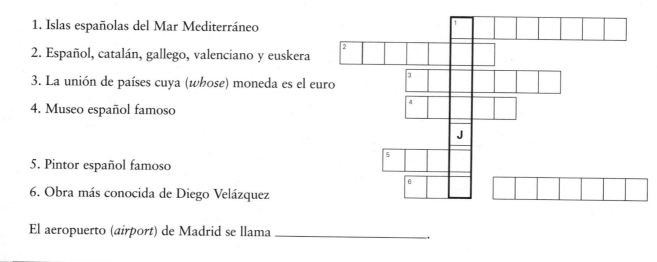

3. _____

Lección 2

contextos

1 **La familia** Look at the family tree and describe the relationships between these people.

Juan Carlos   Sofía

Raquel   Eduardo

Ana María

Luis Miguel

Concha   José Antonio   Ramón

Pilar   Joaquín

modelo

Eduardo / Concha
Eduardo es el padre de Concha.

1. Juan Carlos y Sofía / Pilar

_____

2. Pilar / Ana María y Luis Miguel

_____

3. Eduardo / Raquel

_____

4. José Antonio y Ramón / Concha

_____

5. Raquel / Pilar

_____

6. Concha, José Antonio y Ramón / Pilar

_____

7. Ana María / Raquel

_____

8. Joaquín / Ana María y Luis Miguel

_____

Lección 3 Contextos Activities | **23**

2 **Diferente** Write the word that does not belong in each group.

1. ingeniera, médica, programadora, periodista, hijastra _____

2. cuñado, nieto, yerno, suegra, nuera _____

3. sobrina, prima, artista, tía, hermana _____

4. padre, hermano, hijo, novio, abuelo _____

5. muchachos, tíos, niños, chicos, hijos _____

6. amiga, hermanastra, media hermana, madrastra _____

3 **Crucigrama** Complete this crossword puzzle.

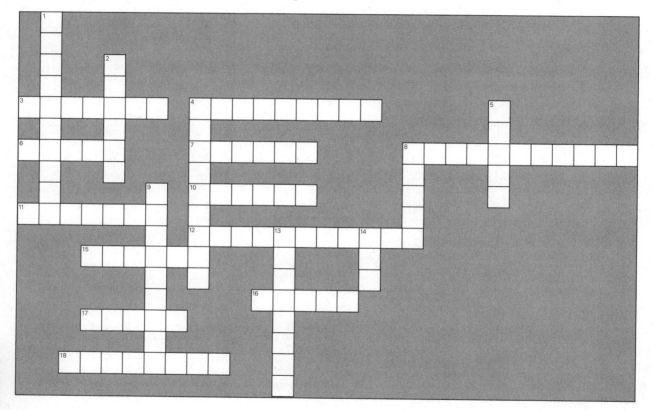

Horizontales

3. el hijo de mi hermano
4. la esposa de mi padre, pero no soy su hijo
6. el hijo de mi hija
7. el esposo de mi hermana
8. hombre que estudió (*studied*) computación
10. la madre de mi padre
11. padre, madre e (*and*) hijos
12. el hijo de mi madrastra, pero no de mi padre
15. doctor
16. tus nietos son los _____ de tus hijos
17. personas en general
18. la hija de mi esposa, pero no es mi hija

Verticales

1. mujer que escribe (*writes*) para el *New York Times*
2. compañeros inseparables
4. chicos
5. el esposo de mi madre es el _____ de mis abuelos
8. el hijo de mi tía
9. abuelos, primos, tíos, etc.
13. Pablo Picasso y Diego de Velázquez
14. el hermano de mi madre

estructura

3.1 Descriptive adjectives

1 **¿Cómo son?** Use the adjective in parentheses that agrees with each subject to write descriptive sentences about them.

> **modelo**
> **(gordo, delgada)**
> Lidia: Lidia *es delgada.*
> el novio de Olga: El *novio de Olga es gordo.*

(simpático, guapos, alta)

1. la profesora de historia: _____

2. David y Simón: _____

3. el artista: _____

(trabajadora, viejo, delgadas)

4. esas (*those*) muchachas: _____

5. el abuelo de Alberto: _____

6. la programadora: _____

2 **Descripciones** Complete each sentence with the correct forms of the adjectives in parentheses.

1. Lupe, Rosa y Tomás son _____ (bueno) amigos.

2. Ignacio es _____ (alto) y _____ (guapo).

3. Lourdes y Virginia son _____ (bajo) y _____ (delgado).

4. Pedro y Vanessa son _____ (moreno), pero Diana es _____ (pelirrojo).

5. Nosotras somos _____ (inteligente) y _____ (trabajador).

6. Esos (*Those*) chicos son _____ (simpático), pero son _____ (tonto).

3 **No** Answer these questions using the adjective with the opposite meaning.

> **modelo**
> ¿Es alta Maite?
> No, *es baja.*

1. ¿Es antipático don Francisco? _____

2. ¿Son morenas las hermanas de Maite? _____

3. ¿Es fea la mamá de Javier? _____

4. ¿Son viejos los primos de Inés? _____

5. ¿Son malos los padres de Javier? _____

6. ¿Es guapo el tío de Álex? _____

Lección 3

4 **Origen y nacionalidad** Read the names and origins of the people in this tour group. Then write sentences saying what city they are from and what their nationalities are.

> **modelo**
> Álvaro Estrada / Miami, Estados Unidos
> Álvaro Estrada es de Miami. Es estadounidense.

1. Ling y Sammo Hung / Pekín, China _____

2. Pierre y Marie Lebrun / Montreal, Canadá _____

3. Luigi Mazzini / Roma, Italia _____

4. Elizabeth Mitchell / Londres, Inglaterra (*England*) _____

5. Roberto Morales / Madrid, España _____

6. Andrés y Patricia Padilla / Quito, Ecuador _____

7. Paula y Cecilia Robles / San Juan, Puerto Rico _____

8. Conrad Schmidt / Berlín, Alemania (*Germany*) _____

9. Antoinette y Marie Valois / París, Francia _____

10. Marta Zedillo / Guadalajara, México _____

5 **Completar** Complete each sentence with the correct form of each adjective in parentheses.

(bueno)

1. La clase de matemáticas es muy _____.

2. Rogelio es un _____ compañero de cuarto.

3. Agustina compra una _____ mochila para (*for*) los libros.

4. Andrés y Guillermo son muy _____ estudiantes.

(malo)

5. Federico es antipático y una _____ persona.

6. Ahora es un _____ momento para descansar.

7. La comida (*food*) de la cafetería es _____.

8. Son unas semanas _____ para viajar.

(grande)

9. Hay un _____ evento en el estadio hoy.

10. Los problemas en esa (*that*) familia son muy _____.

11. La biblioteca de la escuela es _____.

12. La prima de Irma es una _____ amiga.

3.2 Possessive adjectives

1 **¿De quién es?** Answer each question affirmatively using the correct possessive adjective.

> **modelo**
> ¿Es tu maleta?
> *Sí, es mi maleta.*

1. ¿Es la mochila de Adela? _____

2. ¿Es mi clase de español? _____

3. ¿Son los papeles de la profesora? _____

4. ¿Es el diccionario de tu compañera de cuarto? _____

5. ¿Es tu novia? _____

6. ¿Son los lápices de ustedes? _____

2 **Familia** Write the appropriate forms of the possessive adjectives indicated in parentheses.

1. _____ (*My*) cuñada, Isabella, es italiana.

2. _____ (*Their*) parientes están en Ecuador.

3. ¿Quién es _____ (*your* fam.) tío?

4. _____ (*Our*) padres regresan a las diez.

5. Es _____ (*his*) tarea de matemáticas.

6. Linda y María son _____ (*my*) hijas.

7. ¿Dónde trabaja _____ (*your* form.) esposa?

8. _____ (*Our*) familia es grande.

3 **Clarificar** Add a prepositional phrase that clarifies to whom the item(s) belongs.

> **modelo**
> ¿Es su libro? (ellos)
> *¿Es el libro de ellos?*

1. ¿Cuál es su problema? (ella)

   _____

2. Trabajamos con su madre. (ellos)

   _____

3. ¿Dónde están sus papeles? (ustedes)

   _____

4. ¿Son sus plumas? (ella)

   _____

5. ¿Quiénes son sus compañeros de cuarto? (él)

   _____

6. ¿Cómo se llaman sus sobrinos? (usted)

   _____

4   **Posesiones** Write sentences using possessive adjectives to indicate who owns these items.

> **modelo**
>
> Yo compro un escritorio.
> Es mi *escritorio*.

1. Ustedes compran cuatro sillas. _____

2. Tú compras una mochila. _____

3. Nosotros compramos una mesa. _____

4. Yo compro una maleta. _____

5. Él compra unos lápices. _____

6. Ellos compran una grabadora. _____

5   **Mi familia** Inés is talking about her family. Complete her description with the correct possessive adjectives.

Somos cinco hermanos. Graciela, Teresa y Carmen son (1)_____ hermanas. Francesca es (2)_____ cuñada. Es la esposa de (3)_____ hermano mayor, Pablo. Francesca es italiana. (4)_____ papás viven en Roma. Vicente es el hijo de (5)_____ hermana mayor, Graciela. Él es (6)_____ sobrino favorito. (7)_____ papá se llama Marcos y es español. Ellos viven con (8)_____ familia en Sevilla. Teresa estudia en Quito y vive con la tía Remedios y (9)_____ dos hijos, Carlos y Raquel, (10)_____ primos. Carmen y yo vivimos con (11)_____ papás en Portoviejo. Los papás de (12)_____ mamá viven también con nosotros. Nosotras compartimos (13)_____ problemas con (14)_____ abuelos. Ellos son muy buenos. Y tú, ¿cómo es (15)_____ familia?

6   **Preguntas** Answer these questions using possessive adjectives and the words in parentheses.

> **modelo**
>
> ¿Dónde está tu amiga? (Quito)
> Mi amiga *está en Quito.*

1. ¿Cómo es tu padre? (alto y moreno)

_____

2. José, ¿dónde están mis papeles? (en el escritorio)

_____

3. ¿Cómo es la escuela de Felipe? (pequeña y vieja)

_____

4. ¿Son mexicanos los amigos de ustedes? (puertorriqueños)

_____

5. Mami, ¿dónde está mi tarea? (en la mesa)

_____

6. ¿Cómo son los hermanos de Pilar? (simpáticos)

_____

Lección 3

3.3 Present tense of –er and –ir verbs

1 **Conversaciones** Complete these conversations with the correct forms of the verbs in parentheses.

(leer)

1. —¿Qué _____, Ana?

2. —_____ un libro de historia.

(vivir)

3. —¿Dónde _____ ustedes?

4. —Nosotros _____ en Nueva York. ¿Y tú?

(comer)

5. —¿Qué _____ ustedes?

6. —Yo _____ un sándwich y Eduardo _____ pizza.

(deber)

7. —Profesora, ¿_____ abrir nuestros libros ahora?

8. —Sí, ustedes _____ abrir los libros en la página (*page*) 87.

(escribir)

9. —¿_____ un libro, Melinda?

10. —Sí, _____ un libro de ciencia ficción.

2 **Frases** Write complete sentences using the correct forms of the verbs in parentheses.

1. (nosotros) (Escribir) muchas composiciones en la clase de literatura.

_____

2. Esteban y Luisa (aprender) a bailar el tango.

_____

3. ¿Quién no (comprender) la lección de hoy?

_____

4. (tú) (Deber) comprar un mapa de Quito.

_____

5. Ellos no (recibir) muchas cartas (*letters*) de sus padres.

_____

6. (yo) (Buscar) unas fotos de mis primos.

_____

3 **¿Qué verbo es?** Choose the most logical verb to complete each sentence, using the correct form.

1. Tú _____ (abrir, correr, decidir) en el parque (*park*), ¿no?

2. Yo _____ (asistir, compartir, leer) a conciertos de Juanes.

3. ¿_____ (aprender, creer, deber) a leer tu sobrino?

4. Yo no _____ (beber, vivir, comprender) la tarea de física.

5. Los estudiantes _____ (escribir, beber, comer) hamburguesas en la cafetería.

6. Mi esposo y yo _____ (decidir, leer, deber) el *Miami Herald*.

Lección 3 Estructura Activities | **29**

4   **Tú y ellos** Rewrite each sentence using the subject in parentheses. Change the verb form and possessive adjectives as needed.

> **modelo**
>
> No asistimos a clase los domingos. (yo)
> *No asisto a clase los domingos.*

1. Rubén cree que la lección 3 es fácil. (ellos)

   _____

2. Mis hermanos aprenden alemán en la universidad. (mi tía)

   _____

3. Aprendemos a hablar, leer y escribir en la clase de español. (yo)

   _____

4. Sandra escribe en su diario todos los días (*everyday*). (tú)

   _____

5. Comparto mis problemas con mis padres. (Víctor)

   _____

6. Vives en una residencia interesante y bonita. (nosotras)

   _____

5   **Descripciones** Look at the drawings and use these verbs to describe what the people are doing.

| abrir | aprender | comer | leer |

1. Nosotros _____

2. Yo _____

3. Mirta _____

4. Los estudiantes _____

3.4 Present tense of **tener** and **venir**

1   **Completar** Complete these sentences with the correct forms of **tener** and **venir**.

1. ¿A qué hora _____ ustedes al estadio?

2. ¿_____ tú a la escuela en autobús?

3. Nosotros _____ una prueba de psicología mañana.

4. ¿Por qué no _____ Juan a la clase de literatura?

5. Yo _____ dos hermanos y mi prima _____ tres.

6. ¿_____ ustedes fotos de sus parientes?

7. Mis padres _____ unos amigos japoneses.

8. Inés _____ con su esposo y yo _____ con Ernesto.

9. Marta y yo no _____ al laboratorio los sábados.

10. ¿Cuántos nietos _____ tú?

11. Yo _____ una clase de contabilidad a las once de la mañana.

12. Mis amigos _____ a comer a la cafetería hoy.

2   **¿Qué tienen?** Rewrite each sentence, using the logical expression with **tener**.

1. Los estudiantes (tienen hambre, tienen miedo de) tomar el examen de química.

_____

2. Las turistas (tienen sueño, tienen prisa) por llegar al autobús.

_____

3. Mi madre (tiene cincuenta años, tiene razón) siempre (*always*).

_____

4. Vienes a la cafetería cuando (*when*) (tienes hambre, tienes frío).

_____

5. (Tengo razón, Tengo frío) en la biblioteca porque abren las ventanas.

_____

6. Rosaura y María (tienen calor, tienen ganas) de mirar la televisión.

_____

7. Nosotras (tenemos cuidado, no tenemos razón) con el sol (*sun*).

_____

8. David toma mucha agua cuando (*when*) (tiene miedo, tiene sed).

3 **Expresiones con tener** Complete each sentence with the correct expression and the appropriate form of **tener**.

tener cuidado	tener miedo	tener mucha suerte	tener que
tener ganas	tener mucha hambre	tener prisa	tener razón

1. Mis sobrinos _____ del perro (*dog*) de mis abuelos.

2. Necesitas _____ con la computadora portátil (*laptop*).

3. Yo _____ practicar el vocabulario de español.

4. Lola y yo _____ de escuchar música latina.

5. Anita cree que (*that*) dos más dos son cinco. Ella no _____.

6. Ganas (*You win*) cien dólares en la lotería. Tú _____.

Síntesis

Tus parientes Choose an interesting relative of yours and write a description of that person. Answer these questions in your description.

- ¿Quién es?
- ¿Cómo es?
- ¿De dónde viene?
- ¿Cuántos hermanos/primos/hijos tiene?

- ¿Cómo es su familia?
- ¿Dónde vive?
- ¿Cuántos años tiene?
- ¿De qué tiene miedo?

_____

_____

_____

_____

_____

_____

_____

_____

_____

_____

_____

_____

_____

_____

Lección 3

panorama

Ecuador

1 **¿Cierto o falso?** Indicate whether the statements are **cierto** or **falso**. Correct the false statements.

1. Ecuador tiene aproximadamente el área de Rhode Island.

_____

2. Panamá y Chile limitan con (*border*) Ecuador.

_____

3. Las islas Galápagos están en el océano Pacífico.

_____

4. Quito está en la cordillera de los Andes.

_____

5. Todos (*All*) los ecuatorianos hablan lenguas indígenas.

_____

6. Juan León Mera fue (*was*) presidente de Ecuador.

_____

7. Hay volcanes activos en Ecuador.

_____

8. Oswaldo Guayasamín fue un novelista ecuatoriano famoso.

_____

2 **El mapa de Ecuador** Fill in the blanks on this map of Ecuador with the correct geographical names.

1. _____

2. _____

3. _____

4. _____

5. _____

6. _____

7. _____

8. _____

9. _____

10. _____

Lección 3 Panorama Activities   **33**

Lección 3

3   **Fotos de Ecuador** Label the place shown in each photograph.

1. _____

2. _____

3. _____

4   **Descripción de Ecuador** Answer these questions using complete sentences.

1. ¿Cómo se llama la moneda de Ecuador?

_____

2. ¿Qué idiomas hablan los ecuatorianos?

_____

3. ¿Por qué son las islas Galápagos un verdadero tesoro ecológico?

_____

4. ¿Por qué vienen muchos turistas a Ecuador?

_____

5. ¿Cómo es el estilo artístico de Guayasamín?

_____

6. ¿Qué es la Mitad del Mundo?

_____

7. ¿Qué deportes puedes hacer (*can you do*) en los Andes?

_____

8. ¿Dónde viven las tortugas gigantes?

repaso

1 **¿Ser o estar?** Complete each sentence with the correct form of **ser** or **estar**.

1. Los abuelos de Maricarmen _____ de España.

2. La universidad _____ cerca del estadio.

3. Gerónimo y Daniel _____ estudiantes de sociología.

4. —Hola, Gabriel. _____ María. ¿Cómo _____?

5. El cuaderno de español _____ debajo del libro de química.

6. Victoria no viene a clase hoy porque _____ enferma.

2 **¿Quiénes son?** Read the clues and complete the chart. Write out the numbers.

1. La persona de los Estados Unidos tiene 32 años.
2. David es de Canadá.
3. La programadora no es la persona de Ecuador.
4. El conductor tiene 45 años.
5. Gloria es artista.
6. La médica tiene 51 años.
7. La persona de España tiene ocho años menos que el conductor.
8. Ana es programadora.

Nombre	Profesión	Edad (*Age*)	Nacionalidad
Raúl	estudiante	diecinueve	mexicano
Carmen	Medica	51	ecuatorense
Gloria	artista	32	estadounidense
David	conductor	05	Canada
Ana	programadora	37	España

3 **Oraciones** Form complete sentences using the words provided. Write out the words for numbers.

1. cómo / estar / usted / señora Rodríguez

_____

2. estudiante / llegar / grande / biblioteca / 5:30 p.m.

_____

3. hay / 15 / cuadernos / sobre / escritorio

_____

4. nieto / Inés / aprender / español / escuela

_____

5. conductora / autobús / no / ser / antipático

_____

6. abuelo / Lisa / tener / 72 / años

_____

4   **Preguntas** Write sentences with the words provided. Then make each statement into a question.

1. clase de contabilidad / ser / 11:45 a.m.

_____

_____

2. su tía / favorito / tener / 35 años

_____

_____

3. tu profesor / biología / ser / México

_____

_____

4. biblioteca / estar / cerca / residencia estudiantil

_____

_____

_____

5   **Los países** Complete these sentences with information from the **Panorama** sections.

1. En Miami, hay un barrio cubano que se llama la _____.

2. Las personas de origen _____ son el grupo hispano más grande en los EE.UU.

3. Las islas Baleares y las islas Canarias son parte de _____.

4. La lengua indígena que más se habla en Ecuador es el _____.

6   **Tu familia** Imagine that these people are your relatives. Choose one and write several sentences about that person. First, say where the person is located in the photo. Include this information: name, relationship to you, profession, age, and place of origin. Describe the person and his or her activities using the adjectives and verbs you have learned.

_____

_____

_____

_____

contextos

Lección 4

1   **Los deportes** Name the sport associated with each object. Include the definite article.

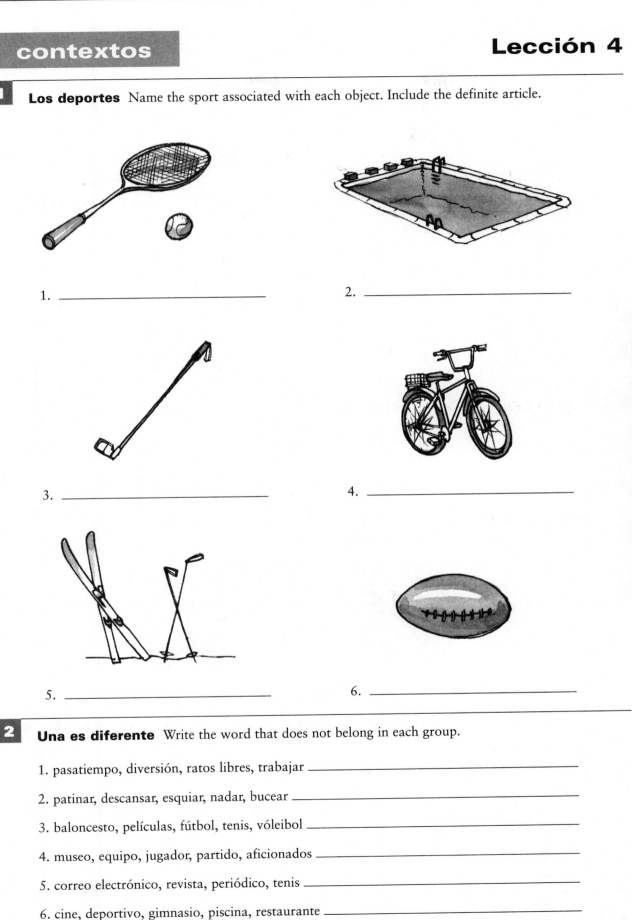

1. _____   2. _____

3. _____   4. _____

5. _____   6. _____

2   **Una es diferente** Write the word that does not belong in each group.

1. pasatiempo, diversión, ratos libres, trabajar _____

2. patinar, descansar, esquiar, nadar, bucear _____

3. baloncesto, películas, fútbol, tenis, vóleibol _____

4. museo, equipo, jugador, partido, aficionados _____

5. correo electrónico, revista, periódico, tenis _____

6. cine, deportivo, gimnasio, piscina, restaurante _____

3 **¿Qué son?** Write each of these words in the appropriate column in the chart.

baloncesto	gimnasio	pasear
béisbol	leer una revista	restaurante
fútbol	montaña	jugar un videojuego

Deportes	Lugares	Actividades

4 **El fin de semana** Complete the paragraph about Álex's weekend with the appropriate word from the word bank.

Álex

el cine	el monumento	una pelota
la ciudad	un museo	el periódico
deportes	la natación	la piscina
el gimnasio	el partido	un restaurante

Siempre leo (1)_____ los domingos por la mañana. Después, me gusta practicar

(2)_____. A veces, nado en (3)_____ que hay en el parque.

Cuando no nado, hago ejercicio (*exercise*) en (4)_____. Cuando hay mucho

tráfico en (5)_____, voy al gimnasio en bicicleta.

Cuando no como en casa, como en (6)_____ con mis amigos, y luego nosotros

podemos ver (7)_____ de béisbol. Algunos días, veo películas. Me gusta más ver

películas en (8)_____ que en mi casa.

Lección 4

estructura

4.1 Present tense of **ir**

1   **La rutina** Complete the paragraph with the correct forms of **ir.**

Alina, Cristina y yo somos buenas amigas. (Nosotras) (1)_____ a la escuela a las

ocho de la mañana todos los días (*every day*). Ellas y yo (2)_____ al centro de

computación y leemos el correo electrónico. A las nueve Alina y Cristina (3)_____

a su clase de psicología y yo (4)_____ a mi clase de historia. A las diez y media

yo (5)_____ a la biblioteca a estudiar. A las doce (yo) (6)_____

a la cafetería y como con ellas. Luego (*Afterwards*), Alina y yo (7)_____ a

practicar deportes. Yo (8)_____ a practicar fútbol y Alina (9)_____

a la piscina municipal. Cristina (10)_____ a trabajar en una librería. Los fines de

semana Alina, Cristina y yo (11)_____ al cine.

2   **Los planes** Don Francisco wants to make sure he knows about everything that is going on. Answer his questions in complete sentences using the words in parentheses.

1. ¿Adónde van Inés y Javier? (pasear por la ciudad)

_____

2. ¿Cuándo van a correr los chicos? (noche)

_____

3. ¿A qué hora van al autobús? (a las dos y media)

_____

4. ¿Cuándo van a ir a las cabañas? (cuatro)

_____

5. ¿Qué va a hacer Maite en el parque? (escribir postales)

_____

6. ¿Qué va a hacer Álex en el parque? (tomar el sol)

_____

Lección 4

3 **Conversación** Complete this conversation with the correct forms of **ir**.

ELENA ¡Hola, Daniel! ¿Qué tal?

DANIEL Muy bien, gracias. ¿Y tú?

ELENA Muy bien. ¿Adónde (1)_____ ahora?

DANIEL (2)_____ al cine a ver una película. ¿Quieres (3)_____ conmigo?

ELENA No, gracias. Tengo mucha prisa ahora. (4)_____ al museo de arte.

DANIEL ¿Y adónde (5)_____ hoy por la noche?

ELENA Mi compañera de cuarto y yo (6)_____ a comer en un restaurante

italiano. ¿Quieres (7)_____ con nosotras?

DANIEL ¡Sí! ¿Cómo (8)_____ ustedes al restaurante?

ELENA (9)_____ en autobús. Hay un autobús que (10)_____

directamente al barrio (*neighborhood*) italiano.

DANIEL ¿A qué hora (11)_____ ustedes?

ELENA Creo que (12)_____ a llegar al restaurante a las nueve.

DANIEL ¿Desean (13)_____ a bailar luego (*afterwards*)?

ELENA ¡Sí!

DANIEL (14)_____ a invitar a nuestro amigo Pablo también. ¡Nos vemos a las nueve!

ELENA ¡Chau, Daniel!

4 **¡Vamos!** Víctor is planning a weekend out with his friends. Combine elements from each column to describe what everyone is going to do.

ustedes	ver películas	el domingo
nosotros	ir al estadio de fútbol	el fin de semana
Víctor	tomar el sol	al mediodía
Claudio y su primo	visitar monumentos	a las tres
tú	pasear por el parque	por la noche
yo	comer en el restaurante	por la mañana

_____
_____
_____
_____
_____
_____
_____
_____

4.2 Stem-changing verbs: e→ie, o→ue

1 **¿Qué hacen?** Write complete sentences using the cues provided.

1. Vicente y Francisco / jugar / al vóleibol los domingos

_____

2. Adela y yo / empezar / a tomar clases de tenis

_____

3. ustedes / volver / de Cancún el viernes

_____

4. los jugadores de béisbol / recordar / el partido importante

_____

5. la profesora / mostrar / las palabras del vocabulario

_____

6. Adán / preferir / escalar la montaña de noche

_____

7. (yo) / entender / el plan de estudios

_____

8. (tú) / cerrar / los libros y te vas a dormir

_____

2 **Quiero ir** Alejandro wants to go on a hike with his friends, but Gabriela says he doesn't have time. Write the correct forms of the verbs in parentheses.

ALEJANDRO ¿(1)_____ (poder) ir a la excursión con ustedes? Tengo que volver a mi casa a las tres.

GABRIELA No, no (2)_____ (poder) venir. Nosotros (3)_____ (pensar) ir a las doce.

ALEJANDRO Yo (4)_____ (querer) ir. ¿(5)_____ (poder) ustedes volver a las dos?

GABRIELA No, tú tienes que comprender: Nosotros no (6)_____ (volver) a las dos. Nosotros (7)_____ (preferir) estar más tiempo en el pueblo.

ALEJANDRO Bueno, ¿a qué hora (8)_____ (pensar) regresar?

GABRIELA Yo no (9)_____ (pensar) volver hasta las nueve o las diez de la noche.

Lección 4 Estructura Activities **41**

Lección 4

3 **No, no quiero** Answer these questions negatively, using complete sentences.

> **modelo**
>
> ¿Puedes ir a la biblioteca a las once?
> No, no puedo ir a la biblioteca a las once.

1. ¿Quieren ustedes patinar en línea con nosotros?

   _____

2. ¿Recuerdan ellas los libros que necesitan?

   _____

3. ¿Prefieres jugar al fútbol a nadar en la piscina?

   _____

4. ¿Duermen tus sobrinos en casa de tu abuela?

   _____

5. ¿Juegan ustedes al baloncesto en la escuela?

   _____

6. ¿Piensas que la clase de química orgánica es difícil?

   _____

7. ¿Encuentras el programa de computadoras en la librería?

   _____

8. ¿Vuelven ustedes a casa los fines de semana?

   _____

9. ¿Puedo tomar el autobús a las once de la noche?

   _____

10. ¿Entendemos la tarea de psicología?

   _____

4 **Correo electrónico** Complete this e-mail message with the correct form of the logical verb. Use each verb once.

dormir
empezar
entender
jugar
pensar
poder
preferir
querer
volver

Para Daniel Moncada	De Paco	Asunto Saludo

Hola Daniel. Estoy con Mario en la biblioteca. Los exámenes
(1)_____ mañana. Por las noches Mario y yo no (2)_____
mucho porque tenemos que estudiar. Tú (3)_____ cómo estamos,
¿no? Yo (4)_____ que los exámenes serán (*will be*) muy difíciles.
Tengo muchas ganas de volver al pueblo. Cuando (5)_____ al
pueblo puedo descansar. Yo (6)_____ el pueblo a la ciudad.
(7)_____ volver pronto.
Si (*If*) Mario y yo compramos pasajes (*tickets*) de autobús, (8)_____
pasar el fin de semana contigo. En casa (*At home*) mis hermanos y yo
(9)_____ al fútbol en nuestros ratos libres.

Nos vemos,
Paco

4.3 Stem-changing verbs: e→i

1 **En el cine** Amalia and her brothers are going to the movies. Complete the story using the correct form of the verb provided.

1. Al entrar al cine, mis hermanos _____ (pedir) una soda.

2. Mis hermanos _____ (decir) que prefieren las películas de acción.

3. Nosotros _____ (pedir) ver la película de las seis y media.

4. Mis hermanos y yo _____ (conseguir) entradas (*tickets*) para estudiantes.

5. Yo _____ (repetir) el diálogo para mis hermanos.

6. Mis hermanos son pequeños y no _____ (seguir) bien la película.

2 **Conversaciones** Complete these conversations with the correct form of the verbs in parentheses.

(pedir)

1. —¿Qué _____ en la biblioteca, José?

2. — _____ un libro que necesito para el examen.

(conseguir)

3. —¿Dónde _____ ustedes las entradas (*tickets*) para los partidos de fútbol?

4. —Nosotros _____ las entradas en una oficina de la escuela.

(repetir)

5. —¿Quién _____ la excursión?

6. —Yo _____, me gusta mucho ese pueblo.

(seguir)

7. —¿Qué equipo _____ Manuel y Pedro?

8. —Pedro_____ a los Red Sox y Manuel _____ a los Yankees de Nueva York.

3 **¿Qué haces?** Imagine that you are writing in your diary. Choose at least five of these phrases and describe what you do on any given day. You should add any details you feel are necessary.

> conseguir hablar español   pedir una pizza
> conseguir el periódico   repetir una pregunta
> pedir un libro   seguir las instrucciones

_____

_____

_____

_____

_____

4 **La película** Read the paragraph. Then answer the questions using complete sentences.

Gastón y Lucía leen el periódico y deciden ir al cine. Un crítico dice que *El café en el centro* es buena. Ellos siguen la recomendación. Quieren conseguir entradas (*tickets*) para estudiantes, que son más baratas. Para conseguir entradas para estudiantes, deben ir a la oficina de la escuela antes de las seis de la tarde. La oficina cierra a las seis. Ellos corren para llegar a tiempo. Cuando ellos llegan, la oficina está cerrada y la secretaria está afuera (*outside*). Ellos le piden un favor a la secretaria. Explican que no tienen mucho dinero y necesitan entradas para estudiantes. La secretaria sonríe (*smiles*) y dice: "Está bien, pero es la última vez (*last time*)".

1. ¿Qué deciden hacer Gastón y Lucía?

   _____

2. ¿Siguen la recomendación de quién?

   _____

3. ¿Por qué Gastón y Lucía quieren conseguir entradas para estudiantes?

   _____

4. ¿Cómo y cuándo pueden conseguir entradas para estudiantes?

   _____

5. ¿Qué ocurre cuando llegan a la oficina de la escuela?

   _____

   _____

6. ¿Qué le piden a la secretaria? ¿Crees que les vende las entradas?

   _____

   _____

   _____

5 **Preguntas** Answer these questions, using complete sentences.

1. ¿Cómo consigues buenas calificaciones (*grades*)?

   _____

2. ¿Dónde pides pizza?

   _____

3. ¿Sigues a algún (*any*) equipo deportivo?

   _____

4. ¿Consigues entender la televisión en español?

   _____

5. ¿Qué programas repiten en la televisión?

   _____

   _____

4.4 Verbs with irregular **yo** forms

1 **Hago muchas cosas** Complete each sentence by choosing the best verb and writing its correct form.

1. (Yo) _____ un disco de música latina. (oír, suponer, salir)

2. (Yo) _____ la hamburguesa y la soda sobre la mesa. (poner, oír, suponer)

3. (Yo) _____ la tarea porque hay un examen mañana. (salir, hacer, suponer)

4. (Yo) _____ a mi sobrina a mi clase de baile. (traer, salir, hacer)

5. (Yo) _____ una película sobre un gran equipo de béisbol. (salir, suponer, ver)

6. (Yo) _____ a bailar los jueves por la noche. (ver, salir, traer)

7. (Yo) _____ que la película es buena, pero no estoy seguro (*sure*). (hacer, poner, suponer)

8. (Yo) _____ mi computadora portátil (*laptop*) a clase en la mochila. (traer, salir, hacer)

2 **Completar** Complete these sentences with the correct verb. Use each verb in the **yo** form once.

hacer	suponer
oír	traer
salir	ver

1. _____ para la clase a las dos.

2. Los fines de semana _____ mi computadora a casa.

3. _____ que me gusta trabajar los sábados por la mañana.

4. Por las mañanas, _____ música en la radio.

5. Cuando tengo hambre, _____ un sándwich.

6. Para descansar, _____ películas en la televisión.

3 **Preguntas** Answer these questions, using complete sentences.

1. ¿Adónde sales a bailar con tus amigos?

_____

2. ¿Ves partidos de béisbol todos los fines de semana?

_____

3. ¿Oyes música clásica?

_____

4. ¿Traes una computadora portátil (*laptop*) a clase?

_____

5. ¿Cómo supones que va a ser el examen de español?

_____

6. ¿Adónde sales a comer los sábados?

_____

Lección 4

4   **La descripción**   Read this description of Marisol. Then imagine that you are Marisol, and write a description of yourself based on the information you read. The first sentence has been done for you.

Marisol es estudiante. Hace sus tareas todas (*every*) las tardes y sale por las noches a casa de su mejor amiga. Los fines de semana, Marisol va a la casa de sus abuelos, pero (*but*) trae sus libros. En los ratos libres, oye música o ve una película en el cine. Si hay un partido de fútbol, Marisol pone la televisión y ve los partidos con su papá. Hace algo (*something*) de comer y pone la mesa (*sets the table*).

Soy estudiante. _____

_____

_____

_____

_____

_____

_____

_____

_____

Síntesis

Interview a classmate about his or her pastimes, weekend activities, and favorite sports. Use these questions as guidelines, and prepare several more before the interview. Then, write up the interview in a question-and-answer format, faithfully reporting your classmate's responses.

- ¿Cuáles son tus pasatiempos? ¿Dónde los practicas?

- ¿Cuál es tu deporte favorito? ¿Practicas ese (*that*) deporte? ¿Eres un(a) gran aficionado/a?
  ¿Tu equipo favorito pierde muchas veces? ¿Quién es tu jugador(a) favorito/a?

- ¿Adónde vas los fines de semana? ¿Qué piensas hacer este (*this*) viernes?

- ¿Duermes mucho los fines de semana? ¿Vuelves a casa muy tarde (*late*)?

_____

_____

_____

_____

_____

panorama

México

1 **Palabras** Use the clues to put the letters in order, spelling words in **Panorama.**

1. MGEÓINARIC _____
   resultado de la proximidad geográfica de México y los EE.UU.

2. ÍAD ED RMOTESU _____
   celebración en honor a las personas muertas

3. ALUJDAAAGRA _____
   ciudad número dos de México en población

4. ONETBI RZUEÁJ _____
   héroe nacional de México

5. CÁUNYAT _____
   península mexicana

6. ARSISTUT _____
   el D.F. atrae a miles de ellos

7. RADIF OKLAH _____
   la esposa de Diego Rivera

8. NGADORU _____
   estado mexicano que produce mucha plata

2 **¿Cierto o falso?** Indicate if each statement is **cierto** or **falso.** Then correct the false statements.

1. El área de México es casi dos veces el área de Texas.
   _____

2. Octavio Paz era un periodista y narrador célebre mexicano.
   _____

3. La geografía de México influye en aspectos económicos y sociales.
   _____

4. No hay mucho crecimiento en la población del D.F.
   _____

5. Frida Kahlo y Diego Rivera eran escritores.
   _____

6. El imperio azteca terminó cuando llegaron los españoles en 1519.
   _____

7. Los turistas van a Guadalajara a ver las ruinas de Tenochtitlán.
   _____

8. México es el mayor productor de plata en el mundo.
   _____

Lección 4 Panorama Activities **47**

3   **Completar** Complete these sentences with the correct words.

1. México está localizado geográficamente al _____ de los Estados Unidos.

2. Hoy en día hay _____ de personas de ascendencia mexicana en los Estados Unidos.

3. Los idiomas que se hablan en México son el español, el _____ y _____.

4. Frida Kahlo, esposa del artista _____, es conocida por sus autorretratos (*self-portraits*).

5. El imperio _____ dominó México desde el siglo XIV hasta el siglo XVI.

6. Se celebra el Día de Muertos en los _____.

4   **¿Qué hacen?** Write sentences using these cues and adding what you learned in **Panorama**.

1. la tercera (*third*) ciudad de México en población / ser / ¿?

_____

2. la moneda mexicana / ser / ¿?

_____

3. el Distrito Federal / atraer / ¿?

_____

4. muchos turistas / ir a ver las ruinas de / ¿?

_____

5. el D.F. / tener una población mayor que la de / ¿?

_____

6. tú / poder / ver / las obras de Diego Rivera y Frida Kahlo en / ¿?

_____

5   **Preguntas** Answer these questions in complete sentences.

1. ¿Cuáles son las cinco ciudades más importantes de México?

_____

2. ¿Quiénes son seis mexicanos célebres?

_____

3. ¿Qué países hacen frontera (*border*) con México?

_____

4. ¿Cuál es un río importante de México?

_____

5. ¿Cuáles son dos sierras importantes de México?

_____

6. ¿Qué ciudad mexicana importante está en la frontera con los EE.UU.?

_____

7. ¿En qué siglo (*century*) fue (*was*) fundada la Ciudad de México?

_____

Lección 4

contextos

Lección 5

1 **Viajes** Complete these sentences with the logical words.

1. Una persona que tiene una habitación en un hotel es _____.

2. El lugar donde los pasajeros esperan al tren es _____.

3. Para viajar en avión, tienes que ir _____.

4. Antes de entrar (*enter*) en el avión, tienes que mostrar _____.

5. La persona que lleva el equipaje a la habitación del hotel es _____.

6. Para planear (*plan*) tus vacaciones, puedes ir a _____.

7. El/la agente de viajes puede confirmar _____.

8. Para subir a tu habitación, tomas _____.

9. Para abrir la puerta de la habitación, necesitas _____.

10. Cuando una persona entra en un país, tiene que mostrar _____.

2 **De vacaciones** Complete this conversation with the logical words.

aeropuerto	equipaje	llegada	playa
agente de viajes	habitación	pasajes	sacar fotos
cabaña	hotel	pasaportes	salida
confirmar	llave	pasear	taxi

ANTONIO ¿Llevas todo (*everything*) lo que vamos a necesitar para el viaje, Ana?

ANA Sí. Llevo los (1)_____ para subir (*get on*) al avión. También llevo

los (2)_____ para entrar (*enter*) en Ecuador.

ANTONIO Y yo tengo el (3)_____ con todas (*all*) nuestras cosas.

ANA ¿Tienes la cámara para (4)_____?

ANTONIO Sí, está en mi mochila.

ANA ¿Vamos al (5)_____ en metro?

ANTONIO No, vamos a llamar a un (6)_____. Nos lleva directamente al aeropuerto.

ANA Voy a llamar al aeropuerto para (7)_____ la reservación.

ANTONIO La (8)_____ dice que está confirmada ya (*already*).

ANA Muy bien. Tengo muchas ganas de (9)_____ por Quito.

ANTONIO Yo también. Quiero ir a la (10)_____ y nadar en el mar.

ANA ¿Cuál es la hora de (11)_____ al aeropuerto de Quito?

ANTONIO Llegamos a las tres de la tarde y vamos directamente al (12)_____.

3 **Los meses** Write the appropriate month next to each description or event.

1. el Día de San Valentín _____
2. el tercer mes del año _____
3. Hannukah _____

4. el Día de las Madres _____
5. el séptimo mes del año _____
6. el Día de Año Nuevo (*New*) _____

4 **Las estaciones** Answer these questions using complete sentences.

1. ¿Qué estación sigue al invierno? _____

2. ¿En qué estación va mucha gente a la playa? _____

3. ¿En qué estación empiezan las clases? _____

5 **El tiempo** Answer these questions with complete sentences based on the weather map.

1. ¿Hace buen tiempo en Soria? _____

2. ¿Llueve en Teruel? _____

3. ¿Hace sol en Girona? _____

4. ¿Está nublado en Murcia? _____

5. ¿Nieva en Cáceres? _____

6. ¿Qué tiempo hace en Salamanca? _____

7. ¿Hace viento cerca de Castellón? _____

8. ¿Qué tiempo hace en Almería? _____

9. ¿Está nublado en Las Palmas? _____

10. ¿Hace buen tiempo en Lleida? _____

Lección 5

estructura

5.1 Estar with conditions and emotions

1   ¿Por qué? Choose the best phrase to complete each sentence.

1. José Miguel está cansado porque...
   a. trabaja mucho.
   b. su familia lo quiere.
   c. quiere ir al cine.

2. Los viajeros están preocupados porque...
   a. es la hora de comer.
   b. va a venir un huracán (*hurricane*).
   c. estudian matemáticas.

3. Maribel y Claudia están tristes porque...
   a. nieva mucho y no pueden salir.
   b. van a salir a bailar.
   c. sus amigos son simpáticos.

4. Los estudiantes están equivocados porque...
   a. estudian mucho.
   b. pasean en bicicleta.
   c. su respuesta es incorrecta.

5. Laura está enamorada porque...
   a. tiene que ir a la biblioteca.
   b. su novio es simpático, inteligente y guapo.
   c. sus amigas ven una película.

6. Mis abuelos están felices porque...
   a. vamos a pasar el verano con ellos.
   b. mucha gente toma el sol.
   c. el autobús no llega.

2   Completar Complete these sentences with the correct form of **estar** + condition or emotion.

1. No tenemos nada que hacer; _____ muy _____.

2. Humberto _____ muy _____ en su gran cama nueva (*new*).

3. Los estudiantes de filosofía no _____ _____; ellos tienen razón.

4. Cuando Estela llega a casa a las tres de la mañana, _____ muy _____.

5. La habitación _____ _____ porque no tengo tiempo (*time*) de organizar los libros y papeles.

6. Son las once de la noche; no puedo ir a la biblioteca hora porque _____ _____.

7. El auto de mi tío _____ muy _____ por la nieve y el lodo (*mud*) de esta semana.

8. Mi papá canta en la casa cuando _____ _____.

9. Alberto _____ _____ porque sus amigos están muy lejos.

10. Las ventanas _____ _____ porque hace calor.

Lección 5

Lección 5 Estructura Activities   **51**

3 **Marta y Juan** Complete this letter using **estar** + the correct forms of the emotions and conditions. Use each term once.

abierto	cómodo	enamorado	ocupado
aburrido	confundido	enojado	seguro
avergonzado	contento	feliz	triste
cansado	desordenado	nervioso	

Querida Marta:

¿Cómo estás? Yo (1)_____ porque mañana vuelvo a Puerto Rico y te voy a ver. Sé (I know) que tú (2)_____ porque tenemos que estar separados durante el semestre, pero (3)_____ de que (that) te van a aceptar en la universidad y que vas a venir en septiembre. La habitación en la residencia estudiantil no es grande, pero mi compañero de cuarto y yo (4)_____ aquí. Las ventanas son grandes y (5)_____ porque el tiempo es muy bueno en California. El cuarto no (6)_____ porque mi compañero de cuarto es muy ordenado. En la semana mis amigos y yo (7)_____ porque trabajamos y estudiamos muchas horas al día. Cuando llego a la residencia estudiantil por la noche, (8)_____ y me voy a dormir. Los fines de semana no (9)_____ porque hay muchas cosas que hacer en San Diego. Ahora (10)_____ porque mañana tengo que llegar al aeropuerto a las cinco de la mañana y está lejos de la universidad. Pero tengo ganas de estar contigo porque (11)_____ de ti (you) y (12)_____ porque te voy a ver mañana.

Te quiero mucho,
Juan

4 **¿Cómo están?** Read each sentence, then write a new one for each, using **estar** + an emotion or condition to tell how these people are doing or feeling.

> **modelo**
> Pepe tiene que trabajar muchas horas.
> *Pepe está ocupado.*

1. Vicente y Mónica tienen sueño. _____

2. No tenemos razón. _____

3. El pasajero tiene miedo. _____

4. Paloma se quiere casar con (*marry*) su novio. _____

5. Los abuelos de Irene van de vacaciones a Puerto Rico. _____

6. No sé (*I don't know*) si el examen va a ser fácil o difícil. _____

5.2 The present progressive

1 **Completar** Complete these sentences with the correct form of **estar** + the present participle of the verbs in parentheses.

1. Ana _____ (buscar) un apartamento en el centro de la ciudad.

2. Vamos a ver a mis primos que _____ (comer) en el café de la esquina.

3. (Yo) _____ (empezar) a entender muy bien el español.

4. Miguel y Elena _____ (vivir) en un apartamento en la playa.

5. El amigo de Antonio _____ (trabajar) en la oficina hoy.

6. (Tú) _____ (jugar) al Monopolio con tu sobrina y su amiga.

7. Las familias _____ (tener) muchos problemas con los hijos adolescentes.

8. El inspector de aduanas _____ (abrir) las maletas de Ramón.

9. (Nosotros) _____ (pensar) en ir de vacaciones a Costa Rica.

10. Mi compañera de cuarto _____ (estudiar) en la biblioteca esta tarde.

2 **Están haciendo muchas cosas** Look at the illustration and label what each person is doing. Use the present progressive.

1. El señor Rodríguez _____
_____ .

2. Pepe y Martita _____
_____ .

3. Paquito _____
_____ .

4. Kim _____
_____ .

5. Tus abuelos _____
_____ .

6. (Yo) _____
_____ .

7. La madre de David _____
_____ .

8. (Tú) _____
_____ .

PARQUE MUNICIPAL
Sr. Rodríguez
Paquito
Pepe
Martita
Kim
Tus abuelos
Yo
madre de David
Tú

Lección 5 Estructura Activities   **53**

5.3 Ser and estar

1 **Usos de *ser* y *estar*** Complete these sentences with **ser** and **estar**. Then write the letter that corresponds to the correct use of the verb in the blank at the end of each sentence.

Uses of *ser*	**Uses of *estar***
a. Nationality and place of origin	i. Location or spatial relationships
b. Profession or occupation	j. Health
c. Characteristics of people and things	k. Physical states or conditions
d. Generalizations	l. Emotional states
e. Possession	m. Certain weather expressions
f. What something is made of	n. Ongoing actions (progressive tenses)
g. Time and date	
h. Where an event takes place	

1. El concierto de jazz _____ a las ocho de la noche. _____

2. Inés y Pancho _____ preocupados porque el examen va a ser difícil. _____

3. La playa _____ sucia porque hay muchos turistas. _____

4. No puedo salir a tomar el sol porque _____ nublado. _____

5. En el verano, Tito _____ empleado del hotel Brisas de Loíza. _____

6. Rita no puede venir al trabajo hoy porque _____ enferma. _____

7. La motocicleta nueva _____ de David. _____

8. (Yo) _____ estudiando en la biblioteca porque tengo un examen mañana. _____

9. La piscina del hotel _____ grande y bonita. _____

10. _____ importante estudiar, pero también tienes que descansar. _____

2 **¿Ser o estar?** In each of the following pairs, complete one sentence with the correct form of **ser** and the other with the correct form of **estar.**

1. Irene todavía no _____ lista para salir.

   Ricardo _____ el chico más listo de la clase.

2. Tomás no es un buen amigo porque _____ muy aburrido.

   Quiero ir al cine porque _____ muy aburrida.

3. Mi mamá está en cama (*in bed*) porque _____ mala del estómago (*stomach*).

   El restaurante chino que está cerca del laboratorio _____ muy malo.

4. La mochila de Javier _____ verde (*green*).

   No me gustan los bananos cuando _____ verdes.

5. Elena _____ más rubia por tomar el sol.

   La hija de mi profesor _____ rubia.

6. Gabriela _____ muy delgada porque está enferma (*sick*).

   Mi hermano _____ muy delgado.

3 **En el hotel** Describe the **Hotel San Juan** using these cues and either **ser** or **estar** as appropriate.

1. la habitación / limpio y ordenado

_____

2. el restaurante del hotel / excelente

_____

3. la puerta del ascensor / abierta

_____

4. los otros huéspedes / franceses

_____

5. (yo) / cansada de viajar

_____

6. Paula y yo / buscando al botones

_____

7. la empleada / muy simpática

_____

8. el botones / ocupado

_____

9. ustedes / en la ciudad de San Juan

_____

10. (tú) / José Javier Fernández

_____

4 **La familia Piñero** Complete this paragraph with the correct forms of **ser** and **estar**.

Los Piñero (1)_____ de Nueva York pero (2)_____ de vacaciones

en Puerto Rico. (3)_____ en un hotel grande en el pueblo de Dorado. Los padres

(4)_____ Elena y Manuel, y ahora (5)_____ comiendo en el

restaurante del hotel. Los hijos (6)_____ Cristina y Luis, y (7)_____

nadando en la piscina. Ahora mismo (8)_____ lloviendo pero el sol va a salir

muy pronto (*soon*). Hoy (9)_____ lunes y la familia (10)_____

muy contenta porque puede descansar. El señor Piñero (11)_____ profesor

y la señora Piñero (12)_____ doctora. Los Piñero dicen: "¡Cuando

no (13)_____ de vacaciones, (14)_____ todo el tiempo muy

ocupados!"

Lección 5

5.4 Direct object nouns and pronouns

1 **Monólogo de un viajero** Complete this monologue with the correct direct object pronouns.

Hoy es lunes. El sábado voy de viaje. Tengo cinco días, ¿no? Sí, (1)_____ tengo. Tengo que conseguir un pasaje de ida y vuelta. ¡Imprescindible! Mi hermano trabaja en una agencia de viajes; él me (2)_____ consigue fácil. Tengo que buscar un buen mapa de la ciudad. En Internet (3)_____ puedo encontrar. Y en la biblioteca puedo encontrar libros sobre el país; libros sobre su historia, su arquitectura, su geografía, su gente... (4)_____ voy a leer en el avión. También quiero comprar una mochila nueva. Pero (5)_____ quiero muy grande. ¿Y dónde está mi vieja cámara de fotos? (6)_____ tengo que buscar esta noche. Voy a tomar muchas fotos; mi familia (7)_____ quiere ver. Y... , ¿cuándo voy a hacer las maletas? (8)_____ tengo que hacer el miércoles. Y eso es todo, ¿verdad? No, no es todo. Necesito encontrar un compañero, o una compañera, de viaje. Pero, hay un pequeño problema: ¿dónde (9)_____ encuentro o (10)_____ encuentro?

Síntesis

On another sheet of paper, describe the room and the people in the illustration. Use complete sentences. Explain what the people are doing and feeling, and why. Then choose one of the groups of people and write a conversation that they could be having. They should discuss a vacation that they are planning, the arrangements they are making for it, and the things that they will need to take.

panorama

Puerto Rico

1   **¿Cierto o falso?** Indicate if each statement is **cierto** or **falso**. Then correct the false statements.

1. El área de Puerto Rico es menor que (*smaller than*) la de Connecticut.

_____

2. Todos (*All*) los puertorriqueños hablan inglés y español.

_____

3. La fortaleza del Morro protegía (*protected*) la bahía de Mayagüez.

_____

4. La música salsa tiene raíces españolas.

_____

5. Los científicos detectan emisiones de radio desde (*from*) el Observatorio de Arecibo.

_____

6. Los puertorriqueños no votan en las elecciones presidenciales de los Estados Unidos.

_____
_____

2   **Datos de Puerto Rico** Complete these sentences with words and expressions from **Panorama**.

1. Aproximadamente la mitad de la población de Puerto Rico vive en _____.

2. El uso del inglés es obligatorio en los documentos _____.

3. _____ fue (*was*) un beisbolista puertorriqueño famoso.

4. Hoy día _____ es el centro mundial de la salsa.

5. El Observatorio de Arecibo tiene el _____ más grande del mundo.

6. Puerto Rico se hizo parte de los EE.UU. en 1898, y se hizo un _____ en 1952.

3   **Cosas puertorriqueñas** Fill in each category with information from **Panorama**.

Ciudades puertorriqueñas	Ríos puertorriqueños	Islas puertorriqueñas	Puertorriqueños célebres

Lección 5

4 **¿Lo hacen?** Answer these questions correctly using a direct object pronoun in each answer.

> modelo
>
> ¿Lees el artículo de Puerto Rico?
>
> Sí, lo leo./ No, no lo leo.

1. ¿Usan pesetas como moneda los puertorriqueños?

_____

2. ¿Habla el idioma inglés la cuarta parte de la población puertorriqueña?

_____

3. ¿Sacan fotografías del Morro muchas personas?

_____

4. ¿Tocan música salsa Felipe Rodríguez, El Gran Combo y Héctor Lavoe?

_____

5. ¿Estudian las montañas los científicos del Observatorio de Arecibo?

_____

6. ¿Pagan impuestos federales los puertorriqueños?

_____

5 **Fotos de Puerto Rico** Write the name of what is shown in each picture.

1. _____   2. _____

3. _____   4. _____

 Lección 5

contextos

1 **El almacén** Look at the department store directory. Then complete the sentences with terms from the word list.

Almacén Gema

PRIMER PISO	Departamento de caballeros
SEGUNDO PISO	Zapatos y ropa de invierno
TERCER PISO	Departamento de damas y óptica
CUARTO PISO	Ropa interior, ropa de verano y trajes de baño

abrigos	corbatas	sandalias
blusas	faldas	trajes de baño
bolsas	gafas de sol	trajes de hombre
botas	guantes	vestidos
calcetines	medias	zapatos de tenis
cinturones	pantalones de hombre	

1. En el primer piso puedes encontrar _____

_____

2. En el segundo piso puedes encontrar _____

_____

3. En el tercer piso puedes encontrar _____

_____

4. En el cuarto piso puedes encontrar _____

_____

5. Quiero unos pantalones cortos. Voy al _____ piso.

6. Buscas unos lentes. Vas al _____ piso.

7. Arturo ve una chaqueta en el _____ piso.

8. Ana ve los bluejeans en el _____ piso.

2 **Necesito muchas cosas** Complete these sentences with the correct terms.

1. Voy a nadar en la piscina. Necesito _____.

2. Está lloviendo mucho. Necesito _____.

3. No puedo ver bien porque hace sol. Necesito _____.

4. Voy a correr por el parque. Necesito _____.

5. Queremos entrar en muchas tiendas diferentes. Vamos al _____.

6. No tengo dinero en la cartera. Voy a pagar con la _____.

3 **Los colores** Answer these questions in complete sentences.

1. ¿De qué color es el chocolate?

_____

2. ¿De qué color son las bananas?

_____

3. ¿De qué color son las naranjas (*oranges*)?

_____

4. ¿De qué colores es la bandera (*flag*) de los Estados Unidos?

_____

5. ¿De qué color son las nubes (*clouds*) cuando está nublado?

_____

6. ¿De qué color son los bluejeans?

_____

7. ¿De qué color son muchos aviones?

_____

8. ¿De qué color son las palabras de los libros?

_____

4 **¿Qué lleva?** Look at the illustration and fill in the blanks with the names of the numbered items.

estructura

6.1 Saber and conocer

1 **¿Saber o conocer?** Complete the sentences, using **saber** and **conocer**.

1. (yo) No _____ a los padres de Álex.

2. Inés _____ las ciudades de Canadá.

3. ¿(don Francisco, tú) _____ dónde estamos?

4. Yo _____ hablar italiano y francés.

5. Don Francisco _____ bien la capital de Ecuador.

6. Maite y yo no _____ a los otros pasajeros.

2 **¿Qué hacen?** Complete the sentences, using the verbs from the word bank. Use each verb only once.

conducir	ofrecer	saber
conocer	parecer	traducir

1. Don Francisco _____ su autobús todos los días.

2. Álex _____ usar su computadora muy bien.

3. Javier _____ ser un estudiante excelente.

4. Inés y Maite no _____ bien al conductor.

5. La Universidad de Quito _____ cursos muy interesantes.

6. Nosotros _____ libros a diferentes lenguas extranjeras.

3 **Oraciones completas** Create sentences, using the elements and **saber** or **conocer**.

1. Eugenia / mi amiga Frances

_____

2. Pamela / hablar español muy bien

_____

3. el sobrino de Rosa / leer y escribir

_____

4. José y Laura / la ciudad de Barcelona

_____

5. nosotros no / llegar a la residencia estudiantil

_____

6. yo / al profesor de literatura

_____

7. Elena y María Victoria / patinar en línea

_____

6.2 Indirect object pronouns

1 **¿A quién?** Complete these sentences with the correct indirect object pronouns.

1. _____ pido a la profesora los libros de español.

2. Amelia _____ pregunta a nosotras adónde queremos ir.

3. El empleado _____ busca trabajo a sus primas en el almacén.

4. Julio _____ quiere dar un televisor nuevo a sus padres.

5. Los clientes _____ piden rebajas a nosotros todos los años.

6. Tu hermano no _____ presta la ropa a ti (*you*).

7. La empleada de la tienda _____ cerró la puerta a mi tía.

8. La mamá no _____ hace la tarea a sus hijos.

9. _____ deben pagar mucho dinero a ti porque llevas ropa muy cara.

10. Las dependientas _____ traen el vestido rosado a mí.

2 **Planes** Complete this paragraph with the correct indirect object pronouns and find out Sara's plans for this summer.

Mis amigos Loles, Antonio y Karen (1)_____ preguntan a mí si quiero ir a Italia con ellos

este verano. Yo (2)_____ digo: "¡Sí, sííí, síííííí!" Ellos (3)_____ quieren pedir a la

profesora de historia del arte un libro o dos. Yo (4)_____ quiero dar a ellos un álbum de fotos

muy interesante. El novio de mi hermana es italiano. Él tiene una colección con dos mil cuatrocientas

sesenta y tres fotos de muchas ciudades y museos de su país. (5)_____ voy a preguntar a mi

hermana dónde lo tiene y a mis padres (6)_____ voy a decir: "¡Mamá, papá, en agosto voy a

Italia con unos amigos! La señorita Casanova (7)_____ va a dar un par de libros y el novio de

Ángeles (8)_____ va a prestar su maravilloso álbum de fotos."

    Loles tiene suerte. Su tía (9)_____ va a pagar el pasaje. Antonio y Karen van a trabajar en

el centro comercial los meses de junio y julio. ¿Y yo qué hago? ¿Quién (10)_____ va a pagar

el pasaje a mí? ¿A quién (11)_____ pido dinero yo? ¿A papá?... Pero él (12)_____

dice: "Sarita, hija, lo siento, pero yo no (13)_____ puedo pagar tu pasaje. Tu prima (14)

_____ puede dar trabajo de dependienta en su tienda de ropa." ¡¡¿Trabajo?!!

3 **Delante o detrás** Rewrite these sentences, using an alternate placement for the indirect object pronouns.

> **modelo**
> Me quiero comprar un coche nuevo.
> *Quiero comprarme un coche nuevo.*

1. Les vas a dar muchos regalos a tus padres.

   _____

2. Quiero comprarles unos guantes a mis sobrinos.

   _____

3. Clara va a venderle sus libros de literatura francesa a su amiga.

   _____

4. Los clientes nos pueden pagar con tarjeta de crédito.

   _____

4 **De compras** Complete the paragraph with the correct indirect object pronouns.

Isabel y yo vamos de compras al centro comercial. Yo (1)_____ tengo que comprar unas cosas a mis parientes porque voy a viajar a mi ciudad este fin de semana. A mi hermana Laura (2)_____ quiero comprar unas gafas de sol, pero ella (3)_____ tiene que comprar un traje de baño a mí. A mis dos sobrinos (4)_____ voy a comprar una pelota de béisbol. A mi padre (5)_____ traigo un libro, y a mi madre (6)_____ tengo que conseguir una blusa. (7)_____ quiero llevar camisas con el nombre de mi ciudad a todos.

5 **Respuestas** Answer these questions negatively. Use indirect object pronouns in the answer.

> **modelo**
> ¿Le compras una camisa a tu novio?
> *No, no le compro una camisa.*

1. ¿Le escribe Rolando un correo electrónico a Miguel?

   _____

2. ¿Nos trae el botones las maletas a la habitación?

   _____

3. ¿Les dan gafas de sol los vendedores a los turistas?

   _____

4. ¿Te compra botas en el invierno tu mamá?

   _____

5. ¿Les muestra a ustedes el traje el dependiente?

   _____

6. ¿Me vas a buscar la revista en la librería?

   _____

6.3 Preterite tense of regular verbs

1 **El pretérito** Complete these sentences with the preterite tense of the indicated verb.

1. Marcela _____ (encontrar) las sandalias debajo de la cama.

2. Gustavo _____ (recibir) un regalo muy bonito.

3. Sara y Viviana _____ (terminar) el libro al mismo tiempo.

4. La agente de viajes _____ (preparar) un itinerario muy interesante.

5. (yo) _____ (visitar) la ciudad en invierno.

6. Los dependientes _____ (escuchar) el partido por la radio.

7. Patricia y tú _____ (viajar) a México el verano pasado.

8. (nosotras) _____ (escribir) una carta al empleado del almacén.

9. (tú) _____ (regresar) del centro comercial a las cinco de la tarde.

10. Ustedes _____ (vivir) en casa de sus padres.

2 **Ahora y en el pasado** Rewrite these sentences in the preterite tense.

1. Ramón escribe una carta al director del programa.

_____

2. Mi tía trabaja de dependienta en un gran almacén.

_____

3. Comprendo el trabajo de la clase de biología.

_____

4. La familia de Daniel vive en Argentina.

_____

5. Virginia y sus amigos comen en el café de la librería.

_____

6. Los ingenieros terminan la construcción de la tienda en junio.

_____

7. Cada día llevas ropa muy elegante.

_____

8. Los turistas caminan, compran y descansan.

_____

9. Corremos cada día en el parque.

_____

3 **Confundido** Your friend Mario has a terrible memory. Answer his questions negatively, indicating that what he asks already happened.

> **modelo**
> ¿Va a comprar ropa Silvia en el centro comercial?
> No, Silvia ya compró ropa en el centro comercial.

1. ¿Va a viajar a Perú tu primo Andrés?

_____

2. ¿Vas a buscar una tienda de computadoras?

_____

3. ¿Vamos a encontrar muchas rebajas en el centro?

_____

4. ¿Va a pagar las sandalias María en la caja?

_____

5. ¿Van a regatear con el vendedor Mónica y Carlos?

_____

6. ¿Va a pasear por la playa tu abuela?

_____

4 **La semana pasada** Now Mario wants to know what you did last week. Write his question, then answer it affirmatively or negatively.

> **modelo**
> sacar fotos de los amigos
> —¿Sacaste fotos de los amigos?
> —Sí, saqué fotos de los amigos./No, no saqué fotos de los amigos.

1. pagar el abrigo con la tarjeta de crédito

_____

_____

2. jugar al tenis

_____

_____

3. buscar un libro en la biblioteca

_____

_____

4. llegar tarde a clase

_____

_____

5. empezar a escribir una carta

_____

_____

6.4 Demonstrative adjectives and pronouns

1 **De compras** Complete these sentences with the correct form of the adjective in parentheses.

1. Me quiero comprar _____ (*these*) zapatos porque me gustan mucho.

2. Comimos en _____ (*that*) centro comercial la semana pasada.

3. _____ (*that over there*) tienda vende las gafas de sol a un precio muy alto.

4. Las rebajas en _____ (*this*) almacén son legendarias.

5. _____ (*those*) botas hacen juego con tus pantalones negros.

6. Voy a llevar _____ (*these*) pantalones con la blusa roja.

2 **Claro que no** Your friend Mario hates shopping, and can't keep anything straight. Answer his questions negatively, using the cues in parentheses and the corresponding demonstrative adjectives.

> **modelo**
> ¿Compró esas medias Sonia? (cartera)
> No, *compró esa cartera.*

1. ¿Va a comprar ese suéter Gloria? (pantalones)

_____

2. ¿Llevaste estas sandalias? (zapatos de tenis)

_____

3. ¿Quieres ver esta ropa interior? (medias)

_____

4. ¿Usa aquel traje David? (chaqueta negra)

_____

5. ¿Decidió Silvia comprar esas gafas de sol? (sombrero)

_____

6. ¿Te mostró el vestido aquella vendedora? (dependiente)

_____

3 **Ésos no** Complete these sentences using demonstrative pronouns. Choose a pronoun for each sentence, paying attention to agreement.

1. Aquellas sandalias son muy cómodas, pero _____ son más elegantes.

2. Esos vestidos largos son muy caros; voy a comprar _____.

3. No puedo usar esta tarjeta de crédito; tengo que usar _____.

4. Esos zapatos tienen buen precio, pero _____ no.

5. Prefiero este sombrero porque _____ es muy grande.

6. Estas medias son buenas; las prefiero a _____.

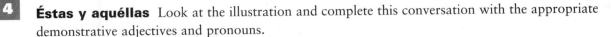

4 **Éstas y aquéllas** Look at the illustration and complete this conversation with the appropriate demonstrative adjectives and pronouns.

CLAUDIA ¿Quieres comprar (1)_____ corbata, Gerardo?

GERARDO No, no quiero comprar (2)_____. Prefiero (3)_____ del escaparate (*display case*).

CLAUDIA (4)_____ es bonita, pero no hace juego con tu chaqueta.

GERARDO Mira (5)_____ chaqueta. Es muy elegante y está a buen precio. Sí, puedo usar (6)_____ y darle a mi hermano ésta.

CLAUDIA ¿Y (7)_____ cinturón?

GERARDO (8)_____ es muy elegante. ¿Es caro?

CLAUDIA Es más barato que (9)_____ tres del escaparate.

5 **Más compras** Pilar and Marta are at the mall trying to get a new outfit for a special occasion. Write the conversation in which they talk about different clothing. Use at least six expressions from the list.

| aquel vendedor | esa camisa | esos colores | esta falda |
| aquellas botas | ese precio | esos zapatos | este vestido |

_____

_____

_____

_____

_____

_____

Lección 6 Estructura Activities

Síntesis

Imagine that you went with your brother to an open-air market last weekend. This weekend you take a friend there. Write a conversation between you and your friend, using as many different verbs as you can from those you have learned.

• Indicate to your friend the items you saw last weekend, what you liked and didn't like, the items that you bought, how much you paid for them, and for whom you bought the items.

• Suggest items that your friend might buy and for whom he or she might buy them.

_____

_____

_____

_____

_____

_____

_____

_____

_____

_____

_____

_____

_____

_____

_____

_____

_____

_____

_____

_____

_____

_____

_____

_____

_____

_____

Cuba

1 **Crucigrama (*Crossword*)** Complete this crossword puzzle with the correct terms.

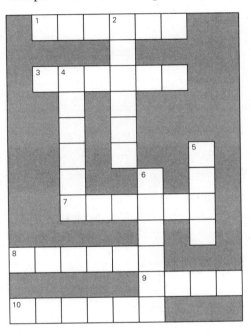

Horizontales
1. Nombre de la bailarina que fundó el Ballet Nacional de Cuba
3. Calle de la Habana Vieja frecuentada por Hemingway
7. Tribu indígena pacífica que vivía en la isla que hoy es Cuba
8. Apellido de una escritora cubana célebre
9. El azúcar se saca (*is extracted*) de esta planta.
10. Uno de los productos agrícolas más importantes en Cuba

Verticales
2. Apellido del ex primer ministro de Cuba
4. Alicia Alonso practicaba (*practiced*) este baile.
5. Moneda cubana
6. Esta organización declaró a la Habana Vieja Patrimonio Cultural de la Humanidad.

2 **Preguntas de Cuba** Answer these questions about Cuba in complete sentences.

1. ¿Dónde vivieron los taínos además de (*besides*) Cuba?

_____

2. ¿De qué colores es la bandera cubana?

_____

3. ¿Qué profesión tenía Ibrahim Ferrer?

_____

4. ¿Qué es el Buena Vista Social Club?

_____

3 **Datos de Cuba** Complete these sentences with information from **Panorama**.

1. El _____ en la Plaza de Armas de la Habana Vieja es ahora un museo.

2. En Cuba se encuentran la Cordillera de los _____ y la Sierra _____.

3. Una isla que forma parte de Cuba es la _____.

4. Alicia Alonso fundó el _____ en 1948.

5. La _____ es un producto de exportación muy importante para Cuba.

6. El tabaco se usa para fabricar los famosos _____.

7. Los españoles llegaron a Cuba _____.

8. Buena Vista Social Club interpreta canciones clásicas del _____.

4 **Cubanos célebres** Write the name of the famous Cuban who might have said each of these quotations.

1. "Nací en 1927 y mi música es famosa."

_____

2. "Me convertí en una estrella internacional con el Ballet de Nueva York."

_____

3. "Soy el jefe de las fuerzas armadas de Cuba."

_____

4. "Viví en el siglo (*century*) diecinueve y escribí poemas."

_____

5. "Tengo más de cuarenta años, soy cubana y escribo libros."

_____

6. "Curé a muchas personas enfermas y estudié las ciencias."

_____

5 **Números cubanos** Write out the numbers in Spanish that complete these sentences about Cuba.

1. Hay _____ habitantes en la isla de Cuba.

2. Hay _____ habitantes en la Habana.

3. En el año _____ la Habana Vieja fue declarada Patrimonio Cultural de la Humanidad.

4. El área de Cuba es de _____ millas cuadradas.

5. El colibrí abeja de Cuba es una de las _____ especies de colibrí del mundo.

6. En el año _____ nació Fidel Castro.

repaso   **Lecciones 4–6**

1 **No lo hago** Answer these questions affirmatively or negatively as indicated, replacing the direct object with a direct object pronoun.

> **modelo**
> ¿Traes la computadora a clase? (no)
> No, no la traigo.

1. ¿Haces la tarea de economía en tu habitación? (sí) _____

2. ¿Pones esos libros sobre el escritorio? (no) _____

3. ¿Traes los pasajes y el pasaporte al aeropuerto? (sí) _____

4. ¿Oyes ese programa de radio a veces (*sometimes*)? (no) _____

5. ¿Conoces a aquellas chicas que están tomando el sol? (sí) _____

6. ¿Pones la televisión mientras (*while*) estudias? (no) _____

2 **El tiempo** Complete these sentences with the most logical verbs from the list. Use each verb once.

cerrar	pedir	poder	querer
comenzar	pensar	preferir	volver

1. Está empezando a hacer frío. Mi mamá _____ comprar un abrigo.
2. Hace mucho sol. (Tú) _____ a buscar tus gafas de sol.
3. Hace fresco. Melissa _____ salir a pasear en bicicleta.
4. Está nevando. (Yo) _____ estar en casa hoy.
5. Está lloviendo. Luis y Pilar _____ las ventanas del auto.
6. Hace mucho calor. Ustedes _____ ir a nadar en la piscina.
7. Está nublado. Los chicos _____ temprano de la playa.
8. Llueve. Los turistas _____ un impermeable en el hotel.

3 **No son éstos** Answer these questions negatively using demonstrative pronouns.

> **modelo**
> ¿Les vas a prestar esos programas a ellos? (*those over there*)
> No, les voy a prestar aquéllos.

1. ¿Me vas a vender esa pelota de fútbol? (*this one*)

_____

2. ¿Van ustedes a abrirle ese auto al cliente? (*that one over there*)

_____

3. ¿Va a llevarles estas maletas Marisol? (*those ones*)

_____

4. ¿Les van a enseñar esos verbos a los estudiantes? (*these ones*)

_____

4 **¿Son o están?** Form complete sentences using the words provided and **ser** or **estar**.

1. Paloma y Carlos / inteligentes y trabajadores

_____

2. Mariela / cantando una canción bonita

_____

3. (tú) / conductor de taxi en la ciudad

_____

4. (nosotros) / en una cabaña en la playa

_____

5. Gilberto / preocupado porque tiene mucho trabajo

_____

6. Roberto y yo / puertorriqueños de San Juan

_____

5 **La compra** Look at the photo and imagine everything that led up to the woman's purchase. What did she need? Why did she need it? What kind of weather is it for? Where did she decide to go buy it? Where did she go looking for it? Who helped her, and what did she ask them? Did she bargain with anyone? Was she undecided about anything? How did she pay for the purchase? Who did she pay? Answer these questions in a paragraph, using the preterite of the verbs that you know.

_____

_____

_____

_____

_____

_____

_____

_____

_____

_____

_____

_____

contextos

1   **Las rutinas** Complete each sentence with a word from **Contextos**.

1. Susana se lava el pelo con _____.

2. La ducha y el lavabo están en el _____.

3. Manuel se lava las manos con _____.

4. Después de lavarse las manos, usa la _____.

5. Luis tiene un _____ para levantarse temprano.

6. Elena usa el _____ para maquillarse.

2   **¿En el baño o en la habitación?** Write **en el baño** or **en la habitación** to indicate where each activity takes place.

1. bañarse _____

2. levantarse _____

3. ducharse _____

4. lavarse la cara _____

5. acostarse _____

6. afeitarse _____

7. cepillarse los dientes _____

8. dormirse _____

3   **Ángel y Lupe** Look at the drawings, and choose the appropriate phrase to describe what Ángel or Lupe are doing. Use complete sentences.

> afeitarse por la mañana   cepillarse los dientes después de comer
> bañarse por la tarde   ducharse antes de salir

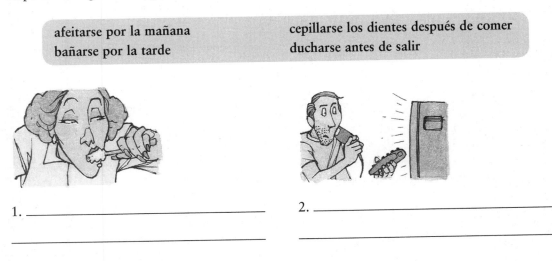

1. _____   2. _____

_____   _____

Lección 7 Contextos Activities   **73**

3. _____   4. _____

_____   _____

4 **La palabra diferente** Fill in each blank with the word that doesn't belong in each group.

1. luego, después, más tarde, entonces, antes _____

2. maquillarse, cepillarse el pelo, despertarse, peinarse, afeitarse _____

3. bailar, despertarse, acostarse, levantarse, dormirse _____

4. champú, despertador, jabón, maquillaje, crema de afeitar _____

5. entonces, bañarse, lavarse las manos, cepillarse los dientes, ducharse _____

6. pelo, vestirse, dientes, manos, cara _____

5 **La rutina de Silvia** Rewrite this paragraph, selecting the correct sequencing words from the parentheses.

(Por la mañana, Durante el día) Silvia se prepara para salir. (Primero, Antes de) se levanta y se ducha. (Después, Antes) de ducharse, se viste. (Entonces, Durante) se maquilla. (Primero, Antes) de salir, come algo y bebe un café. (Durante, Por último) se peina y se pone una chaqueta. (Durante el día, Antes de) Silvia no tiene tiempo (*time*) de volver a su casa. (Más tarde, Antes de) come algo en la cafetería de la escuela y estudia en la biblioteca. (Por la tarde, Por último), Silvia trabaja en el centro comercial. (Por la noche, Primero) llega a su casa y está cansada. (Más tarde, Después de) prepara algo de comer y mira la televisión un rato. (Antes de, Después de) acostarse a dormir siempre estudia un rato.

_____

_____

_____

_____

_____

_____

_____

_____

_____

_____

estructura

7.1 Reflexive verbs

1 **Completar** Complete each sentence with the correct present tense forms of the verb in parentheses.

1. Marcos y Gustavo _____ (enojarse) con Javier.

2. Mariela _____ (despedirse) de su amiga en la estación del tren.

3. (yo) _____ (acostarse) temprano porque tengo clase por la mañana.

4. Los jugadores _____ (secarse) con toallas nuevas.

5. (tú) _____ (preocuparse) por tu novio porque siempre pierde las cosas.

6. Usted _____ (lavarse) la cara con un jabón especial.

7. Mi mamá _____ (ponerse) muy contenta cuando llego temprano a casa.

2 **Lo hiciste** Answer the questions positively, using complete sentences.

1. ¿Te cepillaste los dientes después de comer?

_____

2. ¿Se maquilla Julia antes de salir a bailar?

_____

3. ¿Se duchan ustedes antes de nadar en la piscina?

_____

4. ¿Se ponen sombreros los turistas cuando van a la playa?

_____

5. ¿Nos ponemos las pantuflas cuando llegamos a casa?

_____

3 **Terminar** Complete each sentence with the correct reflexive verbs. You may use some verbs more than once.

acordarse	cepillarse	enojarse	maquillarse
acostarse	dormirse	levantarse	quedarse

1. Mamá, no te enojes porque no tenemos que _____ temprano.

2. La profesora _____ con nosotros cuando no _____ de los verbos.

3. Mi hermano _____ los dientes cuando _____.

4. Mis amigas y yo _____ estudiando en la biblioteca por la noche y por la mañana _____ muy cansada.

5. Muchas noches _____ delante del televisor, porque no quiero _____.

Lección 7

4 **Escoger** Choose the correct verb from the parentheses, then fill in the blank with its correct form.

(lavar/lavarse)

1. Josefina _____ las manos en el lavabo.

   Josefina _____ la ropa en casa de su madre.

(peinar/peinarse)

2. (yo) _____ a mi hermana todas las mañanas.

   (yo) _____ en el baño, delante del espejo.

(poner/ponerse)

3. (nosotros) _____ nerviosos antes de un examen.

   (nosotros) _____ la toalla al lado de la ducha.

(levantar/levantarse)

4. Los estudiantes _____ muy temprano.

   Los estudiantes _____ la mano y hacen preguntas.

5 **El incidente** Complete the paragraph with reflexive verbs from the word bank. Use each verb only once.

acordarse	irse	maquillarse	quedarse
afeitarse	lavarse	ponerse	secarse
despertarse	levantarse	preocuparse	sentarse
enojarse	llamarse	probarse	vestirse

Luis (1) _____ todos los días a las seis de la mañana. Luego entra en la

ducha y (2) _____ el pelo con champú. Cuando sale de la ducha, usa la crema de

afeitar para (3) _____ delante del espejo. Come algo con su familia y él y sus

hermanos (4) _____ hablando un rato.

Cuando sale tarde, Luis (5) _____ porque no quiere llegar tarde a la clase de

español. Los estudiantes (6) _____ nerviosos porque a veces (*sometimes*) tienen

pruebas sorpresa en la clase.

Ayer por la mañana, Luis (7) _____ con su hermana Marina porque ella

(8) _____ tarde y pasó mucho tiempo en el cuarto de baño con la puerta cerrada.

—¿Cuándo sales, Marina? — le preguntó Luis.

—¡Tengo que (9) _____ porque voy a salir con mi novio y quiero estar bonita!

—dijo Marina.

—¡Tengo que (10) _____ ya, Marina! ¿Cuándo terminas?

—Ahora salgo, Luis. Tengo que (11) _____. Me voy a poner mi vestido favorito.

—Tienes que (12) _____ de que viven muchas personas en esta casa, Marina.

7.2 Positive and negative words

1   **Alguno o ninguno** Complete the sentences with positive and negative words from the word bank.

alguien	algunas	ninguna
alguna	ningún	tampoco

1. No tengo ganas de ir a _____ lugar hoy.

2. ¿Tienes _____ ideas para la economía?

3. ¿Viene _____ a la fiesta de mañana?

4. No voy a _____ estadio nunca.

5. ¿Te gusta _____ de estas corbatas?

6. Jorge, tú no eres el único. Yo _____ puedo ir de vacaciones.

2   **Estoy de mal humor** Your classmate Jaime is in a terrible mood. Complete his complaints with negative words.

1. No me gustan estas gafas. _____ quiero comprar _____ de ellas.

2. Estoy muy cansado. _____ quiero ir a _____ restaurante.

3. No tengo hambre. _____ quiero comer _____.

4. A mí no me gusta la playa. _____ quiero ir a la playa _____.

5. Soy muy tímido. _____ hablo con _____ _____.

6. No me gusta el color rojo, _____ el color rosado _____.

3   **¡Amalia!** Your friend Amalia is chronically mistaken. Change her statements as necessary to correct her; each statement should be negative.

> **modelo**
> Buscaste algunos vestidos en la tienda.
> No busqué ningún vestido en la tienda.

1. Las dependientas venden algunas blusas.

_____

2. Alguien va de compras al centro comercial.

_____

3. Siempre me cepillo los dientes antes de salir.

_____

4. Te voy a traer algún programa de la computadora.

_____

5. Mi hermano prepara algo de comer.

_____

6. Quiero tomar algo en el café de la librería.

_____

4 **No, no es cierto** Now your friend Amalia realizes that she's usually wrong and is asking you for the correct information. Answer her questions negatively.

> **modelo**
>
> ¿Comes siempre en casa?
> No, nunca como en casa./No, no como en casa nunca.

1. ¿Tienes alguna falda?

   _____

2. ¿Sales siempre los fines de semana?

   _____

3. ¿Quieres comer algo ahora?

   _____

4. ¿Le prestaste algunos discos de jazz a César?

   _____

5. ¿Podemos ir a la playa o nadar en la piscina?

   _____

6. ¿Encontraste algún cinturón barato en la tienda?

   _____

7. ¿Buscaron ustedes a alguien en la playa?

   _____

8. ¿Te gusta alguno de estos trajes?

   _____

5 **Lo opuesto** Rodrigo's good reading habits have changed since this description was written. Rewrite the paragraph, changing the positive words to negative ones.

Rodrigo siempre está leyendo algún libro. También lee el periódico. Siempre lee algo. Leyó algunos libros de Vargas Llosa el año pasado. También leyó algunas novelas de Gabriel García Márquez. Siempre quiere leer o libros de misterio o novelas fantásticas.

_____

_____

_____

_____

_____

_____

_____

_____

7.3 Preterite of **ser** and **ir**

1 **¿Ser o ir?** Complete the sentences with the preterite of **ser** or **ir**. Then write the infinitive form of the verb you used.

1. Ayer María y Javier _____ a la playa con sus amigos. _____

2. La película del sábado por la tarde _____ muy bonita. _____

3. El fin de semana pasado (nosotros) _____ al centro comercial. _____

4. La abuela y la tía de Maricarmen _____ doctoras. _____

5. (nosotros) _____ muy simpáticos con la familia de Claribel. _____

6. Manuel _____ a la universidad en septiembre. _____

7. Los vendedores _____ al almacén muy temprano. _____

8. Lima _____ la primera parada (*stop*) de nuestro viaje. _____

9. (yo) _____ a buscarte a la cafetería, pero no te encontré. _____

10. Mi compañera de cuarto _____ a la tienda a comprar champú. _____

2 **Viaje a Perú** Complete the paragraph with the preterite of **ser** and **ir**. Then fill in the chart with the infinitive form of the verbs you used.

El mes pasado mi amiga Clara y yo (1) _____ de vacaciones a Perú. El vuelo

(*flight*) (2) _____ un miércoles por la mañana, y (3) _____

cómodo. Primero Clara y yo (4) _____ a Lima, y (5) _____

a comer a un restaurante de comida peruana. La comida (6) _____ muy buena.

Luego (7) _____ al hotel y nos (8) _____ a dormir. El

jueves (9) _____ un día nublado. Nos (10) _____ a Cuzco,

y el viaje en autobús (11) _____ largo. Yo (12) _____

la primera en despertarme y ver la ciudad de Cuzco. Aquella mañana, el paisaje

(13) _____ impresionante. Luego Clara y yo (14) _____

de excursión a Machu Picchu. El cuarto día nos levantamos muy temprano y

(15) _____ a la ciudad inca. El amanecer sobre Machu Picchu

(16) _____ hermoso. La excursión (17) _____ una

experiencia inolvidable (*unforgettable*). ¿(18) _____ tú a Perú el año pasado?

1. _____	7. _____	13. _____
2. _____	8. _____	14. _____
3. _____	9. _____	15. _____
4. _____	10. _____	16. _____
5. _____	11. _____	17. _____
6. _____	12. _____	18. _____

Lección 7 Estructura Activities   **79**

7.4 Verbs like **gustar**

1 **La fotonovela** Rewrite each sentence, choosing the correct form of the verb in parentheses.

1. Maite, te (quedan, queda) bien las faldas y los vestidos.

_____

2. A Inés y a Álex no les (molesta, molestan) la lluvia.

_____

3. A los chicos no les (importa, importan) ir de compras.

_____

4. A don Francisco y a Álex les (aburre, aburren) probarse ropa en las tiendas.

_____

5. A Maite le (fascina, fascinan) las tiendas y los almacenes.

_____

6. A Javier le (falta, faltan) dos años para terminar la carrera (*degree*).

_____

7. A los chicos les (encanta, encantan) pescar y nadar en el mar.

_____

8. A Inés le (interesan, interesa) la geografía.

_____

2 **Nos gusta el fútbol** Complete the paragraph with the correct forms of the verbs in parentheses.

A mi familia le (1) _____ (fascinar) el fútbol. A mis hermanas les

(2) _____ (encantar) los jugadores porque son muy guapos. También les

(3) _____ (gustar) la emoción (*excitement*) de los partidos. A mi papá le

(4) _____ (interesar) mucho los partidos y cuando puede los sigue por Internet.

A mi mamá le (5) _____ (molestar) nuestra afición porque no hacemos las tareas

de la casa cuando hay un partido. A ella generalmente le (6) _____ (aburrir) los

partidos. Pero cuando le (7) _____ (faltar) un gol al equipo argentino para ganar,

le (8) _____ (encantar) los minutos finales del partido.

3 **El viaje** You and your friend are packing and planning your upcoming vacation to the Caribbean. Rewrite her sentences, substituting the subject with the one in parentheses.

1. Te quedan bien los vestidos largos. (la blusa cara)

_____

2. Les molesta la música estadounidense. (las canciones populares)

_____

3. ¿No te interesa aprender a bailar salsa? (nadar)

_____

4. Les encantan las tiendas. (el centro comercial)

_____

5. Nos falta practicar el español. (unas semanas de clase)

_____

6. No les importa esperar un rato. (buscar unos libros nuestros)

_____

4 **¿Qué piensan?** Complete the sentences with the correct pronouns and forms of the verbs in parentheses.

1. A mí _____ (encantar) las películas de misterio.

2. A Gregorio _____ (molestar) mucho la nieve y el frío.

3. A ustedes _____ (faltar) un libro de esa colección.

4. ¿_____ (quedar) bien los sombreros a ti?

5. A ella no _____ (importar) las apariencias (*appearances*).

6. Los deportes por televisión a mí _____ (aburrir) mucho.

5 **Mi rutina diaria** Answer these questions about your daily routine, using verbs like **gustar** in complete sentences.

1. ¿Te molesta levantarte temprano durante la semana?

_____

2. ¿Qué te interesa hacer por las mañanas?

_____

3. ¿Te importa despertarte temprano los fines de semana?

_____

4. ¿Qué te encanta hacer los domingos?

_____

Lección 7

Síntesis

Interview a friend or relative about an interesting vacation he or she took. Then gather the answers into a report. Answer the following questions:

• What did he or she like or love about the vacation? What interested him or her?

• Where did he or she stay, what were the accommodations like, and what was his or her daily routine like during the trip?

• Where did he or she go, what were the tours like, what were the tour guides like, and what were his or her travelling companions like?

• What bothered or angered him or her? What bored him or her during the vacation?

Be sure to address both the negative and positive aspects of the vacation.

_____

_____

_____

_____

_____

_____

_____

_____

_____

_____

_____

_____

_____

_____

_____

_____

_____

_____

_____

_____

Lección 7

panorama

Perú

1 **Datos de Perú** Complete the sentences with the correct words.

1. _____ es la capital de Perú y _____ es la segunda ciudad.

2. _____ es un puerto muy importante del río Amazonas.

3. El barrio bohemio de la ciudad de Lima se llama _____.

4. Hiram Bingham descubrió las ruinas de _____ en los Andes.

5. Las llamas, alpacas, guanacos y vicuñas son parientes del _____.

6. Las Líneas de _____ son uno de los grandes misterios de la humanidad.

2 **Perú** Fill in the blanks with the names and places described. Then use the word in the vertical box to answer the final question.

1. barrio bohemio de Lima
2. animales que se usan para carga y transporte
3. en Perú se habla este idioma
4. capital de Perú
5. montañas de Perú
6. dirección de Machu Picchu desde Cuzco

7. puerto del río Amazonas
8. animales que dan lana
9. esta civilización peruana dibujó líneas
10. profesión de César Vallejo

¿Por dónde se llega caminando a Machu Picchu?

Se llega por el _____.

3 **Ciudades peruanas** Fill in the blanks with the names of the appropriate cities in Peru.

1. ciudad al sureste de Cuzco _____

2. se envían productos por el Amazonas _____

3. Museo del Oro de Perú _____

4. está a 80 km de Machu Picchu _____

5. ciudad antigua del imperio inca _____

Lección 7 Panorama Activities

4 **¿Cierto o falso?** Indicate whether the statement is **cierto** or **falso**. Correct the false statements.

1. Machu Picchu es un destino popular para los ecoturistas que visitan la selva.

_____

2. Mario Vargas Llosa es un novelista peruano famoso.

_____

3. La Iglesia de San Francisco es notable por la influencia de la arquitectura árabe.

_____

4. Las ruinas de Machu Picchu están en la cordillera de los Andes.

_____

5. Las llamas se usan para la carga y el transporte en Perú.

_____

6. La civilización inca hizo dibujos que sólo son descifrables desde el aire.

_____

5 **El mapa de Perú** Label the map of Peru.

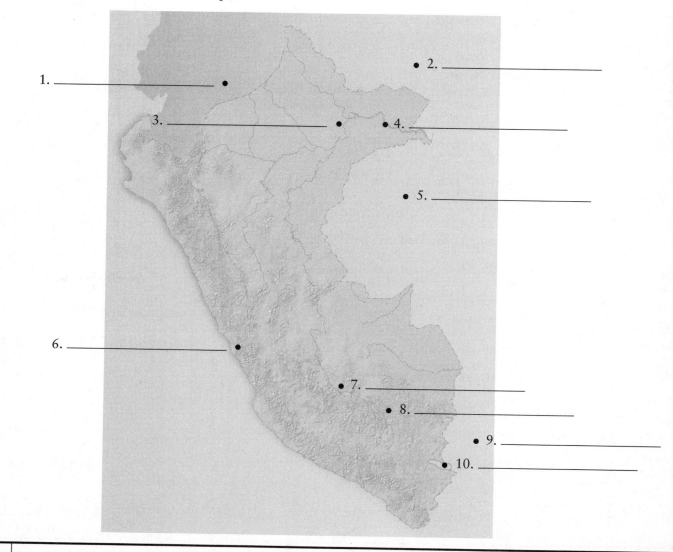

1. _____

2. _____

3. _____

4. _____

5. _____

6. _____

7. _____

8. _____

9. _____

10. _____

Lección 7

contextos

1 **¿Qué comida es?** Read the descriptions and write the names of the food in the blanks.

1. Son rojos y se sirven (*they are served*) en las ensaladas. _____

2. Se come (*It is eaten*) antes del plato principal; es líquida y caliente (*hot*). _____

3. Son unas verduras anaranjadas, largas y delgadas. _____

4. Hay de naranja y de manzana; se bebe en el desayuno. _____

5. Son dos rebanadas (*slices*) de pan con queso y jamón. _____

6. Es comida rápida; se sirven con hamburguesas y se les pone sal. _____

7. Son pequeños y rosados; viven en el mar. _____

8. Son frutas amarillas; con agua y azúcar se hace una bebida de verano. _____

2 **Categorías** Categorize the foods listed in the word bank.

aceite	cebollas	jamón	mantequilla	peras	salmón
arvejas	champiñones	langosta	manzanas	pimienta	tomates
atún	chuletas de	leche	margarina	pollo	uvas
azúcar	cerdo	lechuga	melocotones	queso	vinagre
bananas	espárragos	limones	naranjas	sal	yogur
bistec	hamburguesas	maíz	papas	salchichas	zanahorias
camarones					

Verduras	Productos lácteos (*dairy*)	Condimentos	Carnes y aves (*poultry*)	Pescados y mariscos	Frutas

3 **¿Qué es?** Label the food item shown in each drawing.

1. _____

2. _____

3. _____

4. _____

4 **¿Cuándo lo comes?** Read the lists of meals, then categorize when the meals would be eaten.

1. un sándwich de jamón y queso, unas chuletas de cerdo con arroz y frijoles, un yogur y un café con leche

Desayuno _____

Almuerzo _____

Cena _____

2. una langosta con papas y espárragos, huevos fritos y jugo de naranja, una hamburguesa y un refresco

Desayuno _____

Almuerzo _____

Cena _____

3. pan tostado con mantequilla, un sándwich de atún y té helado, un bistec con cebolla y arroz

Desayuno _____

Almuerzo _____

Cena _____

4. una sopa y una ensalada, cereales con leche, pollo asado con ajo y champiñones

Desayuno _____

Almuerzo _____

Cena _____

estructura

8.1 Preterite of stem-changing verbs

1 **En el pasado** Rewrite each sentence, conjugating the verbs into the preterite tense.

1. Ana y Enrique piden unos resfrescos fríos.

_____

2. Mi mamá nos sirve arroz con frijoles y carne.

_____

3. Tina y Linda duermen en un hotel de Lima.

_____

4. Las flores (*flowers*) de mi tía mueren durante el otoño.

_____

5. Ustedes se sienten bien porque ayudan a las personas.

_____

_____

2 **¿Qué hicieron?** For each sentence, choose the correct verb from those in parentheses. Then complete the sentence by writing the preterite form of the verb.

1. Rosana y Héctor _____ las palabras del profesor. (repetir, dormir, morir)

2. El abuelo de Luis _____ el año pasado. (despedirse, morir, servir)

3. (yo) _____ camarones y salmón de cena en mi casa. (morir, conseguir, servir)

4. Lisa y tú _____ pan tostado con queso y huevo. (sentirse, seguir, pedir)

5. Elena _____ en casa de su prima el sábado. (dormir, pedir, repetir)

6. Gilberto y su familia _____ ir al restaurante francés. (servir, preferir, vestirse)

3 **No pasó así** Your brother is very confused today. Correct his mistakes by rewriting each sentence, using the subject in parentheses.

1. Anoche nos despedimos de nuestros abuelos en el aeropuerto. (mis primos)

_____

2. Melinda y Juan siguieron a Camelia por la ciudad en el auto. (yo)

_____

3. Alejandro prefirió quedarse en casa. (ustedes)

_____

4. Pedí un plato de langosta con salsa de mantequilla. (ellas)

_____

5. Los camareros les sirvieron una ensalada con atún y espárragos. (tu esposo)

_____

4 **En el restaurante** Create sentences from the elements provided. Use the preterite form of the verbs.

1. (nosotros) / preferir / este restaurante al restaurante italiano

_____

2. mis amigos / seguir / a Gustavo para encontrar el restaurante

_____

3. la camarera / servirte / huevos fritos y café con leche

_____

4. ustedes / pedir / ensalada de mariscos y vino blanco

_____

5. Carlos / preferir / las papas fritas

_____

6. (yo) / conseguir / el menú del restaurante

_____

5 **La planta de la abuela** Complete the letter with the preterite form of the verbs from the word bank. Use each verb only once.

| conseguir | dormir | pedir | repetir | servir |
| despedirse | morir | preferir | seguir | vestirse |

Querida mamá:

El fin de semana pasado fui a visitar a mi abuela Lilia en el campo. (Yo)
Le (1)_____ unos libros de la librería porque ella me los
(2)_____. Cuando llegué, mi abuela me (3)_____
un plato sabroso de arroz con frijoles. La encontré triste porque la semana pasada su
planta de tomates (4)_____, y ahora tiene que comprar los tomates en el
mercado. Me invitó a quedarme, y yo (5)_____ en su casa. Por la
mañana, abuela Lilia se despertó temprano, (6)_____ y salió a
comprar huevos para el desayuno. Me levanté inmediatamente y la
(7)_____ porque quería ir con ella al mercado. En el mercado, ella me
(8)_____ que estaba triste por la planta de tomates. Le pregunté:
¿Debemos comprar otra planta de tomates?, pero ella (9)_____
esperar hasta el verano. Después del desayuno (10)_____ de ella.
Quiero mucho a la abuela. ¿Cuándo la vas a visitar?

Chau,

Mónica

8.2 Double object pronouns

1 **Buena gente** Rewrite each sentence, replacing the direct objects with direct object pronouns.

1. La camarera te sirvió el plato de pasta con mariscos.

_____

2. Isabel nos trajo la sal y la pimienta a la mesa.

_____

3. Javier me pidió el aceite y el vinagre anoche.

_____

4. El dueño nos busca una mesa para seis personas.

_____

5. Tu madre me consigue unos melocotones deliciosos.

_____

6. ¿Te recomendaron este restaurante Lola y Paco?

_____

_____

2 **En el restaurante** Last night, you and some friends ate in a popular new restaurant. Rewrite what happened there, using double object pronouns in each sentence.

1. La dueña nos abrió la sección de no fumar.

_____

2. Le pidieron los menús al camarero.

_____

3. Nos buscaron un lugar cómodo y nos sentamos.

_____

4. Les sirvieron papas fritas con el pescado a los clientes.

_____

5. Le llevaron unos entremeses a la mesa a Marcos.

_____

6. Me trajeron una ensalada de lechuga y tomate.

_____

7. El dueño le compró la carne al señor Gutiérrez.

_____

8. Ellos te mostraron los vinos antes de servirlos.

_____

Lección 8 Estructura Activities | **89**

3 **¿Quiénes son?** Answer the questions, using double object pronouns.

1. ¿A quiénes les escribiste las cartas? (a ellos) _____

2. ¿Quién le recomendó ese plato? (su tío) _____

3. ¿Quién nos va a abrir la puerta a esta hora? (Sonia) _____

4. ¿Quién les sirvió el pescado asado? (Miguel) _____

5. ¿Quién te llevó los entremeses? (mis amigas) _____

6. ¿A quién le ofrece frutas Roberto? (a su familia) _____

4 **La cena** Read the two conversations. Then answer the questions, using double object pronouns.

CELIA *(A Tito)* Rosalía me recomendó este restaurante.

DUEÑO Buenas noches, señores. Les traigo unos entremeses, cortesía del restaurante.

CAMARERO Buenas noches. ¿Quieren ver el menú?

TITO Sí, por favor. ¿Está buena la langosta?

CAMARERO Sí, es la especialidad del restaurante.

TITO Entonces queremos pedir dos langostas.

CELIA Y yo quiero una copa (*glass*) de vino tinto, por favor.

CAMARERO Tenemos flan y fruta de postre (*for dessert*).

CELIA Perdón, ¿me lo puede repetir?

CAMARERO Tenemos flan y fruta.

CELIA Yo no quiero nada de postre, gracias.

DUEÑO ¿Les gustó la cena?

TITO Sí, nos encantó. Muchas gracias. Fue una cena deliciosa.

1. ¿Quién le recomendó el restaurante a Celia? _____

2. ¿Quién les sirvió los entremeses a Celia y a Tito? _____

3. ¿Quién les trajo los menús a Celia y a Tito? _____

4. ¿A quién le preguntó Tito cómo está la langosta? _____

5. ¿Quién le pidió las langostas al camarero? _____

6. ¿Quién le pidió un vino tinto al camarero? _____

7. ¿Quién le repitió a Celia la lista de postres? _____

8. ¿A quién le dio las gracias Tito cuando se fueron? _____

8.3 Comparisons

1 **¿Cómo se comparan?** Complete the sentences with the Spanish of the comparison in parentheses.

1. Puerto Rico es _____ (*smaller than*) Guatemala.

2. Álex corre _____ (*faster than*) su amigo Ricardo.

3. Los champiñones son _____ (*as tasty as*) los espárragos.

4. Los jugadores de baloncesto son _____ (*taller than*) los otros estudiantes.

5. Jimena es _____ (*more hard-working than*) su novio Pablo.

6. Marisol es _____ (*less intelligent than*) su hermana mayor.

7. La nueva novela de ese escritor es _____ (*as bad as*) su primera novela.

8. Agustín y Mario están _____ (*less fat than*) antes.

2 **Lo obvio** Your friend Francisco is always sharing his opinions with you, even though his comparisons are always painfully obvious. Write sentences that express his opinions, using the adjectives in parentheses.

> **modelo**
> (inteligente) Albert Einstein / Homer Simpson
> Albert Einstein es más inteligente que Homer Simpson.

1. (famoso) Gloria Estefan / mi hermana

   _____

2. (difícil) estudiar química orgánica / leer una novela

   _____

3. (malo) el tiempo en Boston / el tiempo en Florida

   _____

4. (barato) los restaurantes elegantes / los restaurantes de comida rápida

   _____

5. (viejo) mi abuelo / mi sobrino

   _____

3 **¿Por qué?** Complete the sentences with the correct comparisons.

> **modelo**
> Darío juega mejor al fútbol que tú.
> Es porque Darío practica más que tú.

1. Mi hermano es más gordo que mi padre. Es porque mi hermano come _____.

2. Natalia conoce más países que tú. Es porque Natalia viaja _____.

3. Estoy más cansado que David. Es porque duermo _____.

4. Rolando tiene más hambre que yo. Va a comer _____.

5. Mi vestido favorito es más barato que el tuyo. Voy a pagar _____.

6. Julia gana más dinero que Lorna. Es porque Julia trabaja _____.

Lección 8 Estructura Activities **91**

4 **Comparaciones** Form complete sentences using one word from each column.

la carne	bueno	el aceite
la comida rápida	caro	el almuerzo
el desayuno	malo	las chuletas de cerdo
la fruta	pequeño	la ensalada
la mantequilla	rico	los entremeses
el pollo	sabroso	el pescado

modelo

La carne es más cara que el pescado.

1. _____   4. _____

2. _____   5. _____

3. _____   6. _____

5 **Tan...como** Compare Jorge and Marcos using comparisons of equality and the following words. Be creative in your answers.

alto	delgado	inteligente
bueno	guapo	joven

modelo

Marcos no es tan inteligente como Jorge.

1. _____   4. _____

2. _____   5. _____

3. _____   6. _____

6 **¿Más o menos?** Read the pairs of sentences. Then write a new sentence that compares them.

modelo

Ese hotel tiene cien habitaciones. El otro hotel tiene cuarenta habitaciones.
Ese hotel tiene más habitaciones que el otro.

1. La biblioteca tiene ciento cincuenta sillas. El laboratorio de lenguas tiene treinta sillas.

_____

2. Ramón compró tres corbatas. Roberto compró tres corbatas.

_____

3. Yo comí un plato de pasta. Mi hermano comió dos platos de pasta.

_____

4. Anabel durmió ocho horas. Amelia durmió ocho horas.

_____

5. Mi primo toma seis clases. Mi amiga Tere toma ocho clases.

_____

8.4 Superlatives

1 **El mejor...** Complete with the appropriate information in each case. Form complete sentences using the superlatives.

> **modelo**
> el restaurante _____ / mejor / ciudad
> El restaurante Dalí es el mejor restaurante de mi ciudad

1. la película _____ / mala / la historia del cine

_____

2. la comida _____ / sabrosa / todas

_____

3. mi _____ / joven / mi familia

_____

4. el libro _____ / interesante / biblioteca

_____

5. las vacaciones de _____ / buenas / año

_____

2 **Facilísimo** Rewrite each sentence, using absolute superlatives.

1. Javier y Maite están muy cansados. _____

2. Álex es muy joven. _____

3. Inés es muy inteligente. _____

4. La madre de Inés está muy contenta. _____

5. Estoy muy aburrido. _____

3 **Compárate** Compare yourself with the members of your family and the students in your class. Form complete sentences using comparisons of equality and inequality, superlatives, and absolute superlatives.

> **modelo**
> En mi familia... yo soy más bajo que mi hermano.

_____

_____

> **modelo**
> En mi clase... mi amigo Evan es tan inteligente como yo.

_____

_____

Lección 8 Estructura Activities

Síntesis

Interview a friend or a relative and ask him or her to describe two restaurants where he or she recently ate.

- How was the quality of the food at each restaurant?
- How was the quality of the service at each restaurant?
- How did the prices of the two restaurants compare?
- What did his or her dining companions think about the restaurants?
- How was the ambience different at each restaurant?
- How convenient are the restaurants? Are they centrally located? Are they accessible by public transportation? Do they have parking?

When you are finished with the interview, write up a comparison of the two restaurants based on the information you collected. Use as many different types of comparisons and superlative phrases as possible in your report.

_____

_____

_____

_____

_____

_____

_____

_____

_____

_____

_____

_____

_____

_____

_____

panorama

Guatemala

1   **Guatemala** Complete the sentences with the correct words.

1. La _____ de Guatemala recibe su nombre de un pájaro que simboliza la libertad.

2. Un _____ por ciento de la población guatemalteca tiene una lengua maya como materna.

3. El _____ y los colores de cada *huipil* indican el pueblo de origen de la persona que lo lleva.

4. El _____ es un pájaro en peligro de extinción.

5. La civilización maya inventó un _____ complejo y preciso.

6. La ropa tradicional refleja el amor a la _____ de la cultura maya.

2   **Preguntas** Answer the questions with complete sentences.

1. ¿Cuál es un cultivo de mucha importancia en la cultura maya?

_____

2. ¿Quién es Miguel Ángel Asturias?

_____

3. ¿Qué países limitan con (*border*) Guatemala?

_____

4. ¿Hasta cuándo fue la Antigua Guatemala una capital importante? ¿Por qué?

_____

5. ¿Por qué simbolizaba el quetzal la libertad para los mayas?

_____

6. ¿Qué hace el gobierno para proteger al quetzal?

_____

3   **Fotos de Guatemala** Label each photo.

1. _____   2. _____

     Lección 8 Panorama Activities

Leccíon 8

4   **Comparar** Read the sentences about Guatemala. Then rewrite them, using comparisons and superlatives.

> **modelo**
>
> Guatemala no tiene doce millones de habitantes.
> *Guatemala tiene más de doce millones de habitantes.*

1. El área de Guatemala no es más grande que la de Tennessee.

_____

2. Un "ingrediente" muy interesante de las telas (*fabrics*) de Guatemala es el mosquito.

_____

3. Las lenguas mayas no se hablan tanto como el español.

_____

4. Rigoberta Menchú no es mayor que Margarita Carrera.

_____

5. La celebración de la Semana Santa en la Antigua Guatemala es importantísima para muchas personas.

_____

5   **¿Cierto o falso?** Indicate whether the statements about Guatemala are **cierto** or **falso**. Correct the false statements.

1. Rigoberta Menchú ganó el premio Nobel de la Paz en 1992.

_____

2. La lengua materna de muchos guatemaltecos es una lengua inca.

_____

3. La civilización de los mayas no era avanzada.

_____

4. Guatemala es un país que tiene costas en dos océanos.

_____

5. Hay muchísimos quetzales en los bosques de Guatemala.

_____

6. La civilización maya descubrió y usó el cero antes que los europeos.

_____

contextos

1 **Identificar** Label the following terms as **estado civil, fiesta,** or **etapa de la vida.**

1. casada _____

2. adolescencia _____

3. viudo _____

4. juventud _____

5. quinceañera _____

6. niñez _____

7. vejez _____

8. aniversario de bodas _____

9. divorciado _____

10. madurez _____

11. cumpleaños _____

12. soltera _____

2 **Las etapas de la vida** Label the stages of life on the timeline.

```
    0   5  10  15  20  25  30  35  40  45  50  55  60  65  70  75  80  85  90  100
```

1. _____

2. _____

3. _____

4. _____

5. _____

6. _____

3 **Escribir** Fill in the blanks with the stage of life in which these events would normally occur.

1. jubilarse _____

2. graduarse en la universidad _____

3. cumplir nueve años _____

4. conseguir el primer trabajo _____

5. graduarse de la escuela secundaria _____

6. morir o quedar viudo _____

7. casarse (por primera vez) _____

8. tener un hijo _____

9. celebrar el cincuenta aniversario de bodas _____

10. tener la primera cita _____

4 **Información personal** Read the descriptions and answer the questions.

"Me llamo Jorge Rosas. Nací el 26 de enero de 1938. Mi esposa murió el año pasado. Tengo dos hijos: Marina y Daniel. Terminé mis estudios de sociología en la Universidad Interamericana en 1960. Me voy a jubilar este año. Voy a celebrar este evento con una botella de champán."

1. ¿Cuál es la fecha de nacimiento de Jorge? _____

2. ¿Cuál es el estado civil de Jorge? _____

3. ¿En qué etapa de la vida está Jorge? _____

4. ¿Cuándo es el cumpleaños de Jorge? _____

5. ¿Cuándo se graduó Jorge? _____

6. ¿Cómo va a celebrar la jubilación (*retirement*) Jorge? _____

"Soy Julia Jiménez. Nací el 11 de marzo de 1973. Me comprometí a los veinte años, pero rompí con mi novio antes de casarme. Ahora estoy saliendo con un músico cubano. Soy historiadora del arte desde que terminé mi carrera (*degree*) en la Universidad de Salamanca en 1995. Mi postre favorito es el flan de caramelo."

7. ¿Cuál es la fecha de nacimiento de Julia? _____

8. ¿Cuál es el estado civil de Julia? _____

9. ¿En qué etapa de la vida está Julia? _____

10. ¿Cuándo es el cumpleaños de Julia? _____

11. ¿Cuándo se graduó Julia? _____

12. ¿Qué postre le gusta a Julia? _____

"Me llamo Manuel Blanco y vivo en Caracas. Mi esposa y yo nos comprometimos a los veintiséis años, y la boda fue dos años después. Pasaron quince años y tuvimos tres hijos. Me gustan mucho los dulces."

13. ¿Dónde vive Manuel? _____

14. ¿En qué etapa de la vida se comprometió Manuel? _____

15. ¿A qué edad se casó Manuel? _____

16. ¿Cuál es el estado civil de Manuel? _____

17. ¿Cuántos hijos tiene Manuel? _____

18. ¿Qué postre le gusta a Manuel? _____

Lección 9

estructura

9.1 Irregular preterites

1 **¿Hay o hubo?** Complete these sentences with the correct tense of **haber**.

1. Ahora _____ una fiesta de graduación en el patio de la escuela.

2. _____ muchos invitados en la fiesta de aniversario anoche.

3. Ya _____ una muerte en su familia el año pasado.

4. Siempre _____ galletas y dulces en esas conferencias.

5. _____ varias botellas de vino, pero los invitados se las tomaron.

6. Por las mañanas _____ unos postres deliciosos en esa tienda.

2 **¿Cómo fue?** Complete these sentences with the preterite of the verb in parentheses.

1. Cristina y Lara _____ (estar) en la fiesta anoche.

2. (yo) _____ (Tener) un problema con mi pasaporte y lo pasé mal en la aduana.

3. Rafaela _____ (venir) temprano a la fiesta y conoció a Humberto.

4. El padre de la novia _____ (hacer) un brindis por los novios.

5. Román _____ (poner) las maletas en el auto antes de salir.

3 **¿Qué hicieron?** Complete these sentences, using the preterite of **decir, conducir, traducir,** and **traer.**

1. Felipe y Silvia _____ que no les gusta ir a la playa.

2. Claudia le _____ unos papeles al inglés a su hermano.

3. David _____ su motocicleta nueva durante el fin de semana.

4. Rosario y Pepe me _____ un pastel de chocolate de regalo.

5. Cristina y yo les _____ a nuestras amigas que vamos a bailar.

4 **Es mejor dar...** Rewrite these sentences in the preterite tense.

1. Antonio le da un beso a su madre.

_____

2. Los invitados le dan las gracias a la familia.

_____

3. Tú les traes una sorpresa a tus padres.

_____

4. Rosa y yo le damos un regalo al profesor.

_____

5. Carla nos da muchos consejos para el viaje.

_____

Lección 9

5 **Combinar** Create logical sentences in the preterite using one element from each column. Notice that there is only one correct match between second and third columns.

Rita y Sara	decir	una cámara
ellos	estar	a este lugar
tú	hacer	un examen
mi tía	poner	galletas
ustedes	producir	una película
Rosa	tener	en el Perú
nosotras	traer	la televisión
yo	venir	la verdad

1. _____

2. _____

3. _____

4. _____

5. _____

6. _____

7. _____

8. _____

6 **Ya lo hizo** Your friend Miguel is very forgetful. Answer his questions negatively, indicating that the action has already occurred. Use the verbs in parentheses.

> **modelo**
> ¿Quiere Pepe cenar en el restaurante japonés? (restaurante chino)
> No, Pepe ya cenó en el restaurante chino.

1. ¿Vas a estar en la biblioteca hoy? (ayer)

_____

2. ¿Quieren dar una fiesta Elena y Miguel este fin de semana? (el sábado pasado)

_____

3. ¿Debe la profesora traducir esa novela este semestre? (el año pasado)

_____

4. ¿Va a haber un pastel de limón en la cena de hoy? (anoche)

_____

5. ¿Deseas poner los abrigos en la silla? (sobre la cama)

_____

6. ¿Van ustedes a tener un hijo? (tres hijos)

_____

Lección 9

9.2 Verbs that change meaning in the preterite

1 **Completar** Complete these sentences with the preterite tense of the verbs in parentheses.

1. Liliana no _____ (poder) llegar a la fiesta de cumpleaños de Esteban.

2. Las chicas _____ (conocer) a muchos estudiantes en la biblioteca.

3. Raúl y Marta no _____ (querer) invitar al padre de Raúl a la boda.

4. Lina _____ (saber) ayer que sus tíos se van a divorciar.

5. (nosotros) _____ (poder) regalarle una bicicleta a Marina.

6. María _____ (querer) cortar con su novio antes del verano.

2 **Traducir** Use these verbs to write sentences in Spanish.

> conocer   querer
> poder   saber

1. I failed to finish the book on Wednesday.

_____

2. Inés found out last week that Vicente is divorced.

_____

3. Her girlfriends tried to call her, but they failed to.

_____

4. Susana met Alberto's parents last night.

_____

5. The waiters managed to serve dinner at eight.

_____

6. Your mother refused to go to your brother's house.

_____

3 **Raquel y Ronaldo** Complete the paragraph with the preterite of the verbs in the word bank.

> conocer   querer
> poder   saber

El año pasado Raquel (1) _____ al muchacho que ahora es su esposo, Ronaldo.

Primero, Raquel no (2) _____ salir con él porque él vivía (*was living*) en una ciudad

muy lejos de ella. Ronaldo (3) _____ convencerla durante muchos meses, pero no

(4) _____ hacerlo. Finalmente, Raquel decidió darle una oportunidad a Ronaldo.

Cuando empezaron a salir, Raquel y Ronaldo (5) _____ inmediatamente que eran el

uno para el otro (*they were made for each other*). Raquel y Ronaldo (6) _____

comprar una casa en la misma ciudad y se casaron ese verano.

Lección 9 Estructura Activities **101**

9.3 ¿Qué? and ¿cuál?

1 **¿Qué o cuál?** Complete these sentences with **qué, cuál,** or **cuáles.**

1. ¿_____ estás haciendo ahora?

2. ¿_____ gafas te gustan más?

3. ¿_____ prefieres, el vestido largo o el corto?

4. ¿Sabes _____ de éstos es mi disco favorito?

5. ¿_____ es un departamento de hacienda?

6. ¿_____ trajiste, las de chocolate o las de limón?

7. ¿_____ auto compraste este año?

8. ¿_____ es la tienda más elegante del centro?

2 **¿Cuál es la pregunta?** Write questions that correspond to these responses. Use each word or phrase from the word bank only once.

¿a qué hora?	¿cuál?	¿cuándo?	¿de dónde?	¿qué?
¿adónde?	¿cuáles?	¿cuántos?	¿dónde?	¿quién?

1. _____

La camisa que más me gusta es ésa.

2. _____

Hoy quiero descansar durante el día.

3. _____

Mi profesora de matemáticas es la señora Aponte.

4. _____

Soy de Buenos Aires, Argentina.

5. _____

Mis gafas favoritas son las azules.

6. _____

El pastel de cumpleaños está en el refrigerador.

7. _____

La fiesta sorpresa empieza a las ocho en punto de la noche.

8. _____

El restaurante cierra los lunes.

9. _____

Hay ciento cincuenta invitados en la lista.

10. _____

Vamos a la fiesta de cumpleaños de Inés.

9.4 Pronouns after prepositions

1 **Antes de la fiesta** Complete the paragraph with the correct pronouns.

Hoy voy al mercado al aire libre cerca de mi casa con mi tía Carmen. Me gusta ir con

(1) _____ porque sabe escoger las mejores frutas y verduras del mercado. Y a ella le gusta

venir (2) _____ porque sé regatear mejor que nadie.

—Entre (3) _____ y yo, debes saber que a (4) _____ no me gusta gastar mucho

dinero. Me gusta venir (5) _____ porque me ayudas a ahorrar (*save*) dinero— me confesó

un día. Hoy la vienen a visitar sus hijos porque es su cumpleaños, y ella quiere hacer una ensalada de

frutas para (6) _____.

—Estas peras son para (7) _____, por venir conmigo al mercado. También me llevo unos

hermosos melocotones para el novio de Verónica, que viene con (8) _____. Siempre

compro frutas para (9) _____ porque le encantan y no consigue muchas frutas en el lugar

donde vive —dice (*says*) mi tía.

—¿Voy a conocer al novio de Verónica?

—Sí, ¡queremos invitarte a (10) _____ a la fiesta de cumpleaños!

2 **El pastel de Maite** The video characters are having Maite's birthday cake. Complete the conversation with the correct pronouns.

DON FRANCISCO Chicos, voy a hablar con la señora Perales, en un momento estoy con

(1) _____.

JAVIER Sí, don Efe, no se preocupe por (2) _____.

INÉS ¡Qué rico está el pastel! A (3) _____ me encantan los pasteles.

Javier, ¿quieres compartir un pedazo (*slice*) (4) _____?

JAVIER ¡Claro! Para (5) _____ el chocolate es lo más delicioso.

MAITE Pero no se lo terminen... Álex, quiero compartir el último (*last*) pedazo

(6) _____.

ÁLEX Mmmh, está bien; sólo por (7) _____ hago este sacrificio.

MAITE Toma, Álex, este pedazo es especial para (8) _____.

JAVIER Oh no. Mira Inés; hay más miel (*honey*) en (9) _____ que en

cien pasteles.

Síntesis

Research the life of a famous person who has had a stormy personal life, such as Elizabeth Taylor or Henry VIII. Write a brief biography of the person, including the following information:

- When was the person born?
- What was that person's childhood like?
- With whom did the person fall in love?
- Who did the person marry?
- Did he or she have children?

- Did the person get divorced?
- Did the person go to school, and did he or she graduate?
- How did his or her career or lifestyle vary as the person went through different stages in life?

Lección 9

panorama

Chile

1 **Datos chilenos** Complete the chart with the correct information about Chile.

Ciudades más grandes	Deportes de invierno	Países fronterizos (bordering)	Escritores chilenos

2 **¿Cierto o falso?** Indicate whether the sentences are **cierto** or **falso.** Correct the false sentences.

1. Una quinta parte de los chilenos vive en Santiago de Chile.

_____

2. En Chile se hablan el idioma español y el mapuche.

_____

3. La mayoría (*most*) de las playas de Chile están en la costa del océano Atlántico.

_____

4. El terremoto más grande de la historia tuvo lugar en Chile.

_____

5. La isla de Pascua es famosa por sus observatorios astronómicos.

_____

6. El Parque Nacional de Villarica está situado al pie de un volcán y junto a un lago.

_____

7. Se practican deportes de invierno en los Andes chilenos.

_____

8. La exportación de vinos chilenos se redujo en los últimos años.

_____

3 **Información de Chile** Complete the sentences with the correct words.

1. La moneda de Chile es el _____.

2. Bernardo O'Higgins fue un militar y _____ nacional de Chile.

3. Los exploradores _____ descubrieron la isla de Pascua.

4. Desde los _____ chilenos de los Andes, los científicos estudian las estrellas.

5. La producción de _____ es una parte importante de la actividad agrícola de Chile.

6. El país al este de Chile es _____.

4 **Fotos de Chile** Label the photos.

1. _____   2. _____

5 **El pasado de Chile** Complete the sentences with the preterite of the correct words from the word bank.

comenzar	escribir
decidir	recibir

1. Pablo Neruda _____ muchos poemas románticos durante su vida.

2. La isla de Pascua _____ su nombre porque la descubrieron el Día de Pascua.

3. No se sabe por qué los *rapa nui* _____ abandonar la isla de Pascua.

4. La producción de vino en Chile _____ en el siglo XVI.

6 **Preguntas chilenas** Write questions that correspond to the answers below. Vary the interrogative words you use.

1. _____

   Hay más de dieciséis millones de habitantes en Chile.

2. _____

   Santiago de Chile es la capital chilena.

3. _____

   Los idiomas que se hablan en Chile son el español y el mapuche.

4. _____

   Los exploradores holandeses descubrieron la isla de Pascua.

5. _____

   El centro de esquí Valle Nevado organiza excursiones de heliesquí.

6. _____

   La producción de vino en Chile comenzó en el siglo XVI.

repaso

1 **¿Te importa?** Complete the sentences with the correct indirect object pronoun and the form of the verb in parentheses.

1. A nosotros _____ (gustar) ir de excursión y acampar.

2. A mí _____ (encantar) las novelas históricas.

3. A mi hermano _____ (molestar) la radio cuando está estudiando.

4. A ustedes no _____ (importar) esperar un rato para sentarse, ¿no?

5. Ese vestido largo _____ (quedar) muy bien a ti con las sandalias.

6. A ellos _____ (faltar) dos clases para graduarse.

2 **No quiero nada** Answer the questions negatively, using negative words.

1. ¿Debo ponerme algo elegante esta noche?

_____

2. ¿Te enojaste con alguien en el restaurante?

_____

3. ¿Se probó algún vestido Ana en la tienda?

_____

4. ¿Quiere Raúl quedarse en las fiestas siempre?

_____

3 **La fiesta** Complete the paragraph with the correct preterite forms of the verbs in parentheses.

Ignacio y yo (1) _____ (ir) a la fiesta de cumpleaños de un amigo el sábado.

(2) _____ (Ir) juntos en mi auto, pero Ignacio (3) _____ (conducir). La fiesta

(4) _____ (ser) en el cuarto de fiestas del hotel Condado. En la fiesta (5) _____

(haber) un pastel enorme y muchísimos invitados. (Yo) (6) _____ (Saber) en la fiesta que mi

amiga Dora (7) _____ (romper) con su novio. Ignacio y yo (8) _____ (querer)

hacerla sentir mejor, pero no (9) _____ (ser) fácil. Primero Ignacio (10) _____ (pedir)

una botella de vino. Luego le (11) _____ (decir) a su amigo Marc: "Ven (*Come*) a sentarte con

nosotros". Ignacio le (12) _____ (servir) algo de vino a Marc y todos (13) _____

(brindar). Nosotros les (14) _____ (dar) la oportunidad a Dora y a Marc de conocerse. Marc

es francés, y por mucho rato ellos no (15) _____ (poderse) entender. Luego yo

(16) _____ (traducir) sus palabras un rato. Dora (17) _____ (repetir) las palabras hasta

decirlas bien. Dora y Marc (18) _____ (estar) hablando toda (*all*) la noche. Ignacio les

(19) _____ (traer) entremeses y él y yo nos (20) _____ (ir) a bailar. Marc le

(21) _____ (pedir) el número a Dora cuando ellos (22) _____ (despedirse). Dora

(23) _____ (ponerse) feliz. ¡Lo (24) _____ (conseguir)!

4   **Te lo dije** Rewrite these sentences in the preterite. Use double object pronouns in the new sentences.

1. Rebeca quiere comprarle un regalo a Jorge. _____

2. Les hago una cena deliciosa. _____

3. Los López le dicen unos chistes (*jokes*). _____

4. Francisco no puede prestarnos el auto. _____

5. Les debes decir tu apellido a los dueños. _____

6. Te traigo unas cosas importantes. _____

5   **Los países** Compare the items listed, using information from the **Panorama** sections.

1. Guatemala / pequeño / Perú

_____

2. líneas de Nazca / misteriosas / moais de la isla de Pascua

_____

3. habitantes de Guatemala / hablar idiomas mayas / habitantes de Chile

_____

4. Ciudad de Guatemala / grande / puerto de Iquitos

_____

5. peruanos / usar las llamas / chilenos

_____

6   **La boda** Imagine that you know the couple in the photo. Write some background about their wedding. How and when did the couple meet? When did they become engaged? Do they get along well? Do they really love each other? This is your opportunity to say how you really feel about them getting married. Next, talk about the food and drinks served at the wedding and whether you enjoyed the event.

_____

_____

_____

_____

_____

_____

_____

_____

_____